国家自然科学基金（71661014）资助

家庭农场金融需求与信用评级

付剑茹　张　伟　吴程灵　樊志强　著

科学技术文献出版社
SCIENTIFIC AND TECHNICAL DOCUMENTATION PRESS
·北京·

图书在版编目（CIP）数据

家庭农场金融需求与信用评级 / 付剑茹等著. —北京：科学技术文献出版社，2021. 11

ISBN 978-7-5189-8298-1

Ⅰ. ①家…　Ⅱ. ①付…　Ⅲ. ①家庭农场—融资—信用评级—研究—中国　Ⅳ. ① F832. 43

中国版本图书馆 CIP 数据核字（2021）第 178332 号

家庭农场金融需求与信用评级

策划编辑：孙江莉　　责任编辑：孙江莉　　责任校对：张吲哚　　责任出版：张志平

出 版 者	科学技术文献出版社
地　　址	北京市复兴路15号　邮编 100038
编 务 部	（010）58882938，58882087（传真）
发 行 部	（010）58882868，58882870（传真）
邮 购 部	（010）58882873
官方网址	www.stdp.com.cn
发 行 者	科学技术文献出版社发行　全国各地新华书店经销
印 刷 者	北京虎彩文化传播有限公司
版　　次	2021 年 11 月第 1 版　2021 年 11 月第 1 次印刷
开　　本	710 × 1000　1/16
字　　数	170千
印　　张	10.75
书　　号	ISBN 978-7-5189-8298-1
定　　价	48.00元

前　言

本书来源于国家自然科学基金（71661014）项目的研究成果。项目立项后，本项目组按计划进行文献搜集，设计调研访谈方案和调查问卷。研究团队成立了三个小队，走访了上海、江西两地400余户家庭农场，并发放纸质问卷和电子问卷。此外，还得到了松江区新浜镇与叶榭镇、吉安市永丰县佐龙乡等地地方农办处、村长的大力相助，获得了详细资料，并着手撰写研究报告和学术论文。

在前期研究过程中（在文献阅读、实地调研以及研究报告和论文撰写过程中），项目组发现：在中国，深度了解期货市场或者说直接参与期货市场的农户（家庭农场）较为少见，这与国外情况存在较大的差异。该发现与项目所设计的研究内容形成了一定的冲突。如果不顾中国国情，仍然按之前的方案展开研究，则研究效果必然会受到损害。因此，项目组及时对研究内容进行了调整，研究仍然聚焦在家庭农场和背景风险，但是不再研究期货套期保值问题，而是转向另外两个问题：一是家庭农场的金融需求；二是家庭农场的信用评级方案设计。

研究内容调整后，本项目的研究目标为探讨背景风险下家庭农场的金融需求问题、家庭农场金融需求问题得不到解决的根本原因以及解决方法。根据问卷和访谈汇集的数据信息，以农村金融、信息不对称、规模效益、行为金融、农业信贷补贴理论为支撑，运用定性分析和比较分析等方法，发现家庭农场存在如下金融需求问题：（1）资金需求意愿较高但满足度低；（2）向正规金融机构借款受阻；（3）农业保险需求程度较高但支持不足。于是，本课题组采用实证分析方法深入探讨产生这些问题的主要原因。基于背景风险和家庭农场特征，在资金需求上，首先对家庭农场资金需求紧迫的影响因素进行研究，随后进一步分析银行类正规金融借贷与民间借贷两类外源融资渠道在家庭农场借贷方面的差异；在服务需求上，首先分别对家庭农场的风险金融资产投资概率与投资比重进行探讨，再分析家庭农场农业保险需求程度的影响因素。通过阅读大量相关文献，了解并总结国内外家庭农场发达地区的相关做法与经验，我们基于研究结论从农户、金融机构和政府三大行为主体出发，提出了针对上述问题的对策建议。于农户，一是提高其文化水平和金融素养；二是加强其管理能力，开办合适的经营管理模式。于金融机构，一方面银行类金融机构应针对家庭农场的自身特点，创新改革现有抵押贷款机制；另一方面，保险公司可以根据不同风险类型的农场主，厘定差别化保费。于政府，一是有关部门应加快推进农村土地确权、登记等工作，确保土地承包经营权规范流转；二是公共财政要进一步加大对新农保的补贴力度，较大幅度地提高农村的养老保障水平。

随着工行、农行、建行、交行等传统大型商业银行经营转型，陆续退出农村金融市场，其业务中心慢慢地趋于城市化，而乡村乃至县城业务则逐渐减少。家庭农场融资渠道慢慢收窄，即使进行了很多创新与改革，从各地具体实践发展情况来看，效果并不是很乐观。大多数家庭农场融资仍然得不到满足。其中很重要的原因是家庭农场贷款风险较大：一方面，家庭农场缺少相应的抵押品；另一方面，家庭农场信用评价的复杂性使银行难以有效识别家庭农场贷款中的风险。因此建立专门适用于家庭农场的信用评级体系显得至关重要。其有助于解决家庭农场融资难的问题，具有非常重要的理论和现实意义。

在指标选取上，项目组通过查找大量文献，并考虑数据的易获得性，最终确定家庭结构、社会网络、网络信用、偿债能力四个方面十七小类指标。在方法运用上，对家庭农场信用评级采取定量与定性分析，做到客观数据与主观意愿相结合，采用 AHP 法同时确定定量指标与定性指标的权重，再对定量指标设计评价，建立相应的多级模糊数学综合评价模型，使其更为精准；同时对于定性指标，由于其数据难以衡量，采用专家评判法对其进行评价得分。最后，把定量指标与定性指标两得分汇总就得出了该评价对象的总得分，查看相应的评分等级表便知道其所在的信用等级。

构建信用评级体系后，项目组利用调研访谈得到的微观数据对该信用评级体系进行检验，发现新的信用评级不仅在贷款人数上可以增加满足银行要求的客户，同时在质量上发现银行贷出的资金能及时偿还。证实了运用新的信用评价模型可更准确评价家庭农场的信用状况，为信贷人员在家庭农场贷款决策时提供更有力的依据。这无论是对家庭农场贷款信用风险的控制，还是对解决家庭农场贷款难的问题，都有着重要的意义。

目　　录

1 绪 论

1.1 研究背景

20 世纪 80 年代初期，我国农业开始实行家庭联产承包责任制与统分结合的双层经营体制，自此确定了家庭在农业生产中的经营主体地位，极大地鼓励了广大农民的生产积极性，促进我国农业迅速发展。然而，经过三十多年的发展，我国经济的上升加快推动农业步入现代化进程，家庭联产承包责任制这种小规模的分散化家庭经营模式的弊端日益显现，已经成为制约农业现代化发展的障碍。因此，在确保家庭的农业经营主体地位的前提下，如何推动土地规模化经营、创新农业经营模式，是我国农业现代化发展的主题之一。

家庭农场则是在这种环境下被提出的。集专业化、集约化、社会化为一体，家庭农场在保证家庭经营主体地位的同时，能够促进各类生产要素发挥最大的规模经济效率，在一定程度上满足农业现代化发展的要求。为落实 2013 年中央一号文件和十八届三中全会关于家庭农场的提议，国家和各地方政府积极制定各项优惠政策、采取各种补助方法，以促进家庭农场在我国的初步建设，并为其后续发展创造了良好的政策和法律环境。例如，2014 年中国农业部下发了《关于促进家庭农场发展的指导意见》，中国人民银行发布《关于做好家庭农场等新型农业经营主体金融服务的指导意见》。此外，2014、2015、2016、2017 年和 2018 年连续五年，中央一号文件均对家庭农场的发展和重要性做出了强调。因此，发展家庭农场对提高我国农业发展水平、改善国民生活质量和优化产业结构调整都非常重要。

作为一种新型农业经营主体，家庭农场正在显现出强大的生命力，其在发展过程中将会产生大量的资金需求，但是，由于农业的先天劣势，有效抵押资产不足，抗风险能力较弱，家庭农场融资面临诸多困难。融资难、融资成本高、融资风险大是目前家庭农场融资现状的真实写照。上海与江西省家庭农场的发展同样面临上述融资困境。因此，研究家庭农场的融资问题刻不容缓。一直以来，金融都是学者们趋之若鹜的研究方向。按照研究对象分类，微观金融的研究领域可以分为公司金融、家庭金融及个人金融；按照研究角度或内容大致可分为两类，一是从需求者的角度探讨不同研究对象他们自身的金融需求；二是站在金融供给者的角度探讨金融机构和政府现有的金融供给问题。

根据现有文献及相关理论，可以将金融需求分为两大类，一是资金需求，具体表现为：是否有资金需求、资金需求紧迫与否、资金需求额度、资金使用用途、资金来源渠道、资金借贷担保方式、资金借贷形式、资金需求期限、资金借贷期限等与研究对象资金需求相关的各个方面；二是服务需求，具体表现为：支付结算、理财投资和保险需求等。其中理财投资是指研究对象有理财投资咨询、购买理财产品，基金、股票、债券、期货等金融衍生产品，外汇等金融产品的需求。保险需求是指研究对象有购买相关经营活动保险的需求，如家庭农场购买农业保险、购买农产品期货等。金融供给则是从供给的角度探讨研究对象的金融相关问题，如探讨银行等金融机构和政府如何对家庭农场的发展进行金融支持。例如，吴婷婷和余波（2014）[1]在对江苏省南通市家庭农场调查后，从贷款额度、贷款期限和贷款模式这三个层面总结了其金融支持供给状况，并认为其金融支持存在的主要问题是金融机构的贷款额度及贷款期限与家庭农场生产无法匹配、贷款程度复杂、金融支持内容单一且产品设计不合理。兰勇等（2015）[2]提出当前的金融支持难以适应我国家庭农场发展需要，具体表现在金融服务、贷款条件、信贷规模和期限结构等信贷支持方面以及农业保险和农产品期货方面。谌立平和杨夕斌（2016）[3]认为，虽然近年来金融机构加大了对湖南省怀化市家庭农场的金融支持力度，但在土地流转、农业保险、有效抵押品、贷款利率和贷款期限方面依然存在问题。郭栋梁（2018）[4]从资金来源和风险防控机制两个方面分析新型农业经营主体的金融供给，其中资金来源于正规和非正规融资渠道，风险防控机制主要包括保险、担保和期货。

中共中央国务院印发《乡村振兴战略规划（2018—2022 年）》指出：加快建立新型经营主体支持政策体系，落实财政、税收、土地、信贷、保险等支持政策，扩大新型经营主体承担涉农项目规模。这表明党和国家对农村金融的发展非常重视且有深刻的认识。近年来，在国家相关政策的支持和引导下，农户对于农业生产经营的积极性大力提高，同时很多新型农业经营主体如春笋般极快迸发，2018 年农业产业化龙头企业 8.7 万家，在工商部门登记注册的农民合作社 217 万个，家庭农场 60 万个。新型职业农民队伍不断壮大，农民工、大中专毕业生、退役军人、科技人员等返乡下乡人员纷纷加入新型职业农民队伍。同时截至 2018 年年底，各类返乡下乡创新创业人员累计达 780 万人①。新型经营主体和新型职业农民在应用新技术、推广新品种、开拓新市场方面发挥了重要作用，正在成为引领现代农业发展的主力军。但近些年来，工行、农行、建行、交行等传统大型商业银行经营转型，已陆续退出了农村金融市场，其业务中心慢慢地趋于城市化，而乡村乃至县城业务则逐渐减少。家庭农场（农户）融资渠道已慢慢收窄，形成了以农村信用社等正规金融机构以及互助等非正规机构融资方式。本书的研究正是基于这样的背景而产生的。

1.2 研究意义

近年来，国内各个地方对发展家庭农场都相继表示了自己的决心，其中以上海松江、浙江宁波、湖北武汉、吉林延边、安徽郎溪等为典型代表模式。发展家庭农场是我国农业现代化进程中的关键一步，它的出现克服了土地利用率、农业新科技应用、经营效率等多方面问题（王建华和李俏，2013[5]；Gabriel 等，2015[6]；Jiska 等，2015[7]）。家庭农场的发展在各个层面上都蕴涵有重大意义：在农业上，家庭农场通过适度规模经营，以集约化、商品化促进农业增效、农民增收，打破了传统农业的束缚，引领农业向现代化方向发展，代表中国农业的先进生产力，理应也必将成为中国农业最为重要的经营主体（杜志雄和王新志，2013[8]；郭熙保和郑淇泽，2014[9]）；在经济上，家庭农场对提高农民收入、增加就业（Wiggins 等，2010[10]）、促进涉农产业发展具有重大意义；在社会上，国际粮农组织（FAO）强调家庭农场在“消除饥饿与贫困、保障粮食安全和民众营养、改善生计、管理自然资源、保护环境、继而达到可持续发展”的重要意义。综上所述可知，家庭农场已成为中国农业、经济和社会的发展热点。然而现阶段我国家庭农场发展面临着一系列障碍，由于农业特殊的产业特性和农村金融体系的不健全，融资问题是制约其进一步发展的首要问题，也是最难攻克的问题。

① 数据来源于国家统计局。

因此，研究家庭农场发展过程中的融资问题具有重要的理论意义和实践意义。

早在1980年，我国就已经展开了针对家庭农场的研究。鉴于当时家庭承包责任制的盛行，家庭农场仅属于国外的“舶来品”，尚未得到广泛认知，因此研究内容最初只是关于国内外家庭农场的个案分析和发展问题，后来才逐渐囊括了家庭农场的定义或内涵、法律制度、土地流转、经营规模、经营效率、经营模式、金融需求、互联网+等等。所有研究内容里，有关金融需求的文献占总数的6.50%，其中针对资金需求方面的占比63.71%，针对服务需求方面的占比35.53%，而同时考虑二者的仅占0.76%（以上数据统计于中国知网），这意味着家庭农场在金融需求方面的研究仍存在较大的突破空间。例如，多数学者仅是从理论方面分析其金融需求现状（吴婷婷和余波，2014[1]；王春贤，2014[11]；赵久爽，2015[12]）；而少有的针对家庭农场金融需求进行实证分析的文献（郑涛等，2017[13]），也只是进行了简单的模型回归。以往探讨金融需求的研究主体多为企业或农户，企业金融需求的研究倾向于信贷和金融服务（彭建刚等，2005[14]；葛兆强和王晓天，2007[15]；林强，2009[16]），农户金融需求则更多的是研究资金需求额度、借款渠道和用途等问题（谢丽霜，2007[17]；陈文晴，2011[18]）。而本书中家庭农场的金融需求综合了两者的内容，既有资金需求，又包含了服务需求。就研究对象而言，家庭农场同时具有公司和家庭的某些相关特性，但相较于公司或家庭，又存在较大的差异性。因此，在对家庭农场的相关金融问题进行研究的同时，还涉及公司金融和家庭金融的相关理论和实践，故也具有非常重要的理论意义。

此外，在家庭农场金融需求影响因素的实证检验方面，尚未有学者考虑到背景风险因素。背景风险的研究目前并没有涉及金融需求，但是考虑到家庭农场的特殊性质（国外学者将其视为小微企业），它在资金和金融服务方面的需求很可能受到背景风险的影响，如收入风险越大，资金可能越紧迫、对农业保险的需求程度可能越强，等等。因此，本书首次引入背景风险变量，探究其对家庭农场金融需求的影响，这在家庭农场和金融需求领域具有一定的创新意义。

实际上，党和政府、金融机构以及传统的民间组织在推进家庭农场（农户）信贷发展中，进行了很多创新与改革，试图走出一条带有中国特色的二元农村信贷发展道路。但实际上，从各地具体实践发展情况来看，效果并不是很乐观。大多数家庭农场（农户）融资仍然得不到满足，家庭农场（农户）贷款情况并没有得到很好的改善，家庭农场（农户）普遍存在金融的信贷约束。在农村发展新形势下，农村金融市场需求类型、特征与结构也相应的发生了巨大改变，传统的信贷模式难以满足新型经营主体从事规模化职业的贷款需求，家庭农场（农户）融资难的问题依旧存在。

要解决家庭农场（农户）贷款难问题前提就是走出一条适合家庭农场（农户）的贷款评级模式，而现有的信用评级系统大多为大型或中小型企业而制成，缺少专门为农户特别是家庭农场等大型农户的评级模式。而国外甚至把家庭农场型农户看作为中小型企业，同时有专门针对家庭农场（农户）的小微银行等。因此在国内外已有的研究理论及成果基础上，继续深入有效地研究家庭农场（农户）贷款的发展是非常有意义的，可以为未来解决家庭农场（农户）融资难的问题建言献策。

1.3 国内外文献回顾

1.3.1 农户融资的研究现状

在融资过程中，新型农业经营主体由于自身的局限性，面临融资成本居高不下，贷款条件偏高等诸多瓶颈与难题（王吉鹏等，2018[19]；Dean S. Karlan，2005[20]）。虽有着强烈的融资需求，但难以获得发展所需的资金，即使获得贷款也远不能满足其自身的需求，即农户普遍面临着融资约束难题（罗荷花等，2015[21]；熊建国，2006[22]；Paulo Santos，2010[23]）。在现有文献中，对农户融资的研究主要集中在以下两类：一类是从信贷资金需求方面研究，一般认为，家庭耕地面积、生产投入占比、农户年龄和文化程度对于农户融资意愿会产生影响（王定祥等，2011[24]；罗荷花等，2015[21]；熊学萍等，2007[25]）；另一类则是从信贷供给方研究，其中，刘莉亚等（2009）[26]指出民间借贷是农户融资的主要形式，导致融资难的主要制约因素是农村正规金融供给主体的功能性缺失（Chunguang Bai，2018）[27]。徐丽鹤等（2017）[28]则通过社会网络分析，实证推论民间借贷市场发展未必能缓解中小企业，尤其是农业企业融资难问题。熊学萍等（2007）[25]提出非正式融资是农户在既有制度安排下被迫做出的选择，正式融资制度才是满足农户融资需求的最终选择。付剑茹等（2019）[29]尝试探究家庭农场正规借贷渠道和民间借贷渠道的影响因素，并进行对比分析来考虑资金信贷供给。总而言之，当今学者大多从农户信贷供给和需求方面去讨论农户融资的局限性。

农户融资说到底也是一种筹集资金的方式，只不过是一种针对于农户这种特殊群体为主体的融资活动。在印度，以向穷人提供金融服务的现有银行网络为基础的涉及自助团体的小额供资方案变得越来越重要（Sarmistha Pal，2002）[30]。现有研究大多都将农户作为一个整体，对农户融资展开研究（马永强，2011[31]；丁志国，2014[32]），但笔者觉得在当今经济条件下，把农户看作一个整体来研究农户融资是有欠缺的。农村地区经济发展水平相对落后，农户收入低这是不争的事实。但如果一味地去把农户这一大类人的资金需求都看成一样，便失去了农户各自特色性，为此本书将农户分成两类，一类是以温饱或者说是生存为主要目的“自足型”农户，另一类则是以做大做强为其主要目的“自生型”农户。有针对性地各自进行相应的分析，使得结论具有相应的代表性。对于“自足型”农户，李似鸿（2010）[33]研究以贫困农户案例为代表，说明了当没有社会资本时，金融资本借贷才可能出现。王定祥等（2011）[24]实证了贫困型农户以中小信贷需求为主，且从金融机构获得贷款的很少，民间借贷是贫困型农户的真正服务对象。对于“自生型”农户，付剑茹等（2019）[29]实证了当家庭农场面临资金危机时，对比分析考虑多种因素对银行类金融机构和民间两种渠道。周月书等（2019）[34]认为规模以上农户加入农业产业链组织能提高其信贷可得性。以上文献与本书分类想法基本相同，与本书观点基本相符，为本书的撰写提供了参考。

1.3.2 家庭农场的资金需求

本书将金融需求划分为资金需求和服务需求两大类别，在现有关于家庭农场金融需求的文献当中，大多数学者还是单一地探讨其中的资金需求问题，且资金需求问题主要通过融资或借贷来反映。

融资分为内源融资和外源融资，内源融资即通过资金积累实现自我融资，外源融资主要通过中国农业银行、农村信用社、新型农村金融机构、中国邮政储蓄银行以及民间借贷的渠道获得（高彦彬，2013[35]）。金为华和吴竞择（2013）[36]研究发现，家庭农场优先考虑内源融资；但 Jane L. Glover（2010）[37]通过运用布迪厄的资本理论分析家庭农场在面对资金危机时，外源融资才是解决问题的主要方法。国外一些国家的家庭农场通常被当作中小企业来看待，有很多中小企业理论被应用于家庭农场融资中，如 Myers 和 Majluf（20 世纪 80 年代）提出的资本结构排序假说与 Modogliani 和 Miner 提出的融资有序理论（M-M 理论），都指出债务融资应为外源融资中首选融资模式；Banerjeel 提出的长期互动假说，也认为中小型金融机构与家庭农场这样的一些中小型企业进行长期合作可减少双方间信息不对称问题，由此避免了大型金融机构倾向于向大企业提供贷款的问题。

然而，外源资金的获得并不容易。例如，仇娟东和何风隽（2011）[38]、邓道才等（2016）[39]发现，具有融资需求的家庭农场比例较大，但正规金融机构已成为家庭农场融资的次要渠道。主要原因可能是，一方面，由于农业的特殊性，家庭农场具有自然灾害风险（Pomeroy，2015[40]）、农产品市场风险和融资授信风险（郭伊楠，2013[41]）；另一方面，我国农村金融发展相对滞后，现行土地产权制度的限制使得土地在申请贷款时难以抵押，家庭农场在正规金融机构的融资中缺乏相应服务（王建华和李俏，2013[5]）。此外，与传统农户相比，家庭农场的融资需求旺且额度普遍较大，融资期限要求更为多元化（王春贤，2014[11]；赵久爽 2015[12]）。张爱辉（2015）[42]也进一步指出，家庭农场的融资成本较高，规模越大其对资金的需求也会越大，并且融资需求有很强的季节性，因此会导致家庭农场出现融资困境的局面。而农村金融体系不健全、缺乏有效抵押担保资产、政府扶持力度不足等是制约家庭农场融资的主要因素（张正宝，2015[43]；江维国，2014[44]），比如，俞中（2015）[45]基于对合肥市家庭农场融资现状的调查发现，尽管 2014 年中央一号文件已经赋予了农民对承包地占有、使用、收益、流转及承包经营权抵押、担保的职能，然而家庭农场融资实际却未能因此得到改善，原因在于担保机制的推行仅仅是对个别产品或小范围试点，农村信贷担保机制仍处于缺失状态，并未起到切实作用；Tom Hertz（2009）[46]则认为财政补贴是解决融资问题的关键，增加农户的信贷供给并不能促进农业的发展，因为农户会将获得的无抵押贷款用于消费性支出，而非农业生产性支出当中。

1.3.3 家庭农场的服务需求

家庭农场的服务需求主要通过农业保险和理财投资来反映。在农业保险需求方面，由于家庭农场普遍经营规模较大、投入资金较多、投资周期较长，故其经营风险较传统农业更高，因而对农业保险的需求更为强烈。例如，范晓霞（2013）[47]、刘中升等（2018）[48]发现家庭农场存在农业保险需求强烈的特征，尤其是规模较大的家庭农场对农业保险分散化解风险的需求更强（金为华和吴竞择，2013[36]）。然而，目前农业保险覆盖面普遍较低（王春贤，2013[11]；赵久爽，2015[12]），具体表现为农场主对保险类金融业务总体使用率、了解程度及满意程度较低（路征等，2016[49]），农业保险的资金规模相对于整个农业的规模相当小（刘从磊，2017[50]），难以为农业提供可靠的保障。特别地，一些地区的家庭农场保险需求强度大于资金需求强度，这在一定程度上凸显了农业生产的高风险性以及农场主对农业风险的重视和担忧。因此，通过实证分析家庭农场农业保险需求的影响因素，郑涛等（2017[13]）发现农场主的文化程度和社会关系显著影响其对农业保险的需求意愿，其中文化程度存在正向影响，社会关系存在负向影响，而且保险宣传力度差异与农场经营种类差异也可能是导致不同地区家庭农场存在保险需求差异的重要原因。针对商业性农业保险供给不足、保险品种过少和承保范围较小、保险理赔难且赔付金额小、宣传力度较小的问题，有必要提高商业保险机构增加农业保险产品供给的积极性，如扩大农村住房、种植业、养殖业、森林保险等险种的试点范围，加强涉农信贷和保险合作，将涉农保险投保情况作为银行授信要素，引导借款主体对融资抵押物、投资资产等进行投保，防范农业生产风险（蒋国政，2016[51]）；同时，还要引导农场主提高保险意识（姜丽丽和仝爱华，2017[52]），加强其购买农业保险的意愿和选择合适险种的能力。

随着家庭农场经营财富的不断累积，理财投资需求也随之而起（马英杰和李妍，2017[53]）。但尚未形成有关农户、家庭农场等新型农业经营主体进行理财投资的文献，故本书将重点探讨家庭农场风险金融资产投资行为的影响因素。

1.3.4 家庭农场的金融支持

金融机构对家庭农场的发展具有一定的支持作用，如促进家庭农场进行适度规模化发展、专业化生产和商品化经营（房加帅，2018[54]）。但是，在家庭农场发展过程中依然存在金融支持缺位、错位及越位的现象。具体表现在：农村信用体系建设不健全，财务管理不规范（杨铁军，2018[55]）；农业保险覆盖面较低，缺乏合理的保险品种、理赔机制和保险规范等；支持家庭农场发展的金融机构较少，金融产品创新滞后（崔峰，2018[56]）。因此，首先要明确家庭农场的界定标准和注册登记，建立完善的基础信息以便进行规范管理；其次要在广度上扩大农业保险范围，在深度上创新保险品种和理赔机制，建立有效的家庭农场贷款风险补偿机制；再次要完善农村金融组织体系，实现农村金融机构多样化（谌立平和杨夕斌，2016[3]），构建适合家庭农场的多元融资渠道，创新多种抵押物品并开展灵活的担保模式（杨蕾和范千千，2016[57]）。而且，贷款利率补贴、农作物保险补贴等金融支持政策对家庭农场收入的提高也有一定的促进作用（Thompson，2009[58]）。

1.3.5 背景风险的相关研究

背景风险是指金融市场上不能通过资产组合配置进行分散的风险，主要包括劳动收入不确定性、私营业主身份、健康状况以及房产状况（Heaton and Lucas，2000[59]）。随后，Tsetlin 和 Winkler（2005）[60]进一步提出，背景风险是指影响投资者期末财富的外生且不可通过资产配置进行分散的风险。关于背景风险的研究，国内外学者多是将其与风险投资联系在一起。根据现有文献及相关理论，本书将背景风险因素归纳总结为五个方面，如收入风险、健康和保险状况、房产投资、风险态度及流动性约束。

收入风险。收入风险是衡量投资者收入不确定性的一个指标。现有的关于一般居民或家庭风险金融资产投资的研究，在引入收入风险变量时，通常考虑的是劳动收入风险。早期国外学者把劳动收入风险和超额金融收益风险联系在一起，认为两者若相互独立，则劳动收入风险会降低居民风险金融资产投资（Pratt and Zeckhauser，1987[61]；Gollier and Pratt，1996[62]；Elmendorf and Kimball，2000[63]）；而 Angerer 和 Lam（2009）[64]认为，当两者正相关时，劳动收入风险对风险投资具有抑制作用，反之负相关时，对风险投资具有促进作用。何兴强等（2009）[65]是我国首次把劳动收入风险纳入背景风险进行研究的学者，他们通过对中国 9 个城市的调查发现，劳动收入风险高的居民风险金融资产投资概率更低。这与张兵和赵雪蕊（2015）[66]的结论一致。以上劳动收入风险变量多是根据居民或家庭决策者的就业状况或工作性质以构建，然而家庭农场与通常意义上的居民或家庭有着显著的差异。家庭农场是以家庭成员为主要劳动力，以农业收入为家庭主要收入来源的新型农业经营主体，国外一些国家甚至将家庭农场视作中小企业。对于这样一群带有企业或单位性质的特殊农村家庭主体来说，无法简单地用就业状况或工作性质来判断其收入风险，因此本书采用收入风险而非劳动收入风险。

健康和保险状况。健康状况会影响投资者对资产配置的选择：一方面，根据生命周期理论，健康状况不同的投资者可能因为不同的生存风险和规划期限而作出不同的投资决策；另一方面，根据消费金融理论，健康状况不同的投资者当前与未来消费的边际效用不同，这也会影响到他的投资决策（Edwards，2008[67]）。从简单的逻辑思维角度来考虑健康状况对风险金融资产投资的影响，自然地会认为健康状况较差的投资者会更多地选择风险较低的金融资产，确实这一看法也得到了许多学者理论和实证方面的支持。例如，Goldman 和 Maestas（2013）[68]、Edwards（2010）[69]的理论分析表明健康状况较差的居民所持有的风险资产比重更小，大多数实证结果也表明健康状况与风险金融资产占比存在显著的正相关性（Rosen and Wu，2004[70]；Edwards，2008[67]；雷晓燕，2010[71]；吴卫星等，2011[72]；李玮，2015[73]；张兵和赵雪蕊，2015[66]；胡振，2015[74]）。然而，还有一些学者认为健康状况与风险金融资产投资的关系并不显著。Berkowitz and Qiu（2006）[75]认为，在控制家庭资产特征变量后，健康状况对其资产配置无显著影响。是否购买社会医疗或商业健康保险是健康状况影响风险金融资产投资的一个主要手段（Cardak and Wilkins，2009[76]）。Berkowitz and Qiu（2006）[75]的研究表明医疗保险充分的家庭持有风险金融资产的比例可能更高。周钦等（2015）[77]认为参加医疗保险的家庭在进行资产选择时，更加偏好较高风险水平的资产，这与张兵（2015）[66]和李海荣（2016）[78]的结论一致。

房产投资。由于房产价格波动等原因，自有房产通常被认为是一种替代性的风险资产。同时房产具有很强的不可分性，转换资产形式时交易成本很高，会减少居民的风险金融资产投资（Heaton and Lucas，2000a[79]，2000b[80]；Shum and Failg，2006[81]）。故房产投资会对股票投资产生挤出效应（Cocco，2005[82]；吴卫星和齐天翔，2007[83]）。何兴强等（2009）[65]、张兵（2015）[66]同样认为房产投资会降低投资者对风险金融资产的持有。但是，这一观点并没有被所有学者认同。Cardak and Wilkins（2009）[76]研究发现，由于澳大利亚抵押信贷市场的激烈竞争，对澳大利亚居民来说拥有房产更容易使其获得抵押信贷，这促进了拥有房产的居民进行更多的风险金融资产投资。李涛等（2011）[84]也认为房产可以作为抵押品缓解流动性约束，减小居民的背景风险，从而提高投资金融资产的可能性。叶德珠等（2015）[85]

基于2011年中国居民家庭金融调查与研究中心的数据，发现房产持有对风险金融资产比重在5%以下的投资有促进作用，而对5%以上的具有显著负影响。

风险态度。关于风险态度对金融资产选择行为影响的研究，Markowitz的现代资产组合（Portfolio Selection）理论认为，理性投资者的资产组合是相似的，由一定比例的完全由风险资产构成的市场组合和一定比例的无风险资产共同组成，风险偏好程度越高，则持有的市场组合的比例越高，同时持有的无风险资产比例就越低，这是投资理论中广为接受的经典理论。Barasinska（2012）[86]通过分析德国家庭的个人风险态度对金融资产组合的影响，发现风险态度对风险资产的持有具有显著的影响，风险厌恶程度越高，家庭越倾向于持有无风险资产比重更高的资产组合。李玮（2015）[73]和张兵（2015）[66]也持有同样的观点。胡振（2016）[74]认为风险厌恶程度对股票、基金、债券、储蓄性保险资产在家庭金融资产中的比例具有显著的负向影响，并进一步指出，风险厌恶程度增加一单位，家庭参与股票市场的可能性会降低10.5%。但是，何兴强等（2009）[65]和李海荣（2016）[78]的研究却表明风险厌恶程度与风险金融资产的比例无显著关系。

流动性约束。关于流动性约束对风险金融资产投资影响的观点存在较大的意见分歧。Guiso等（1996）[87]和Bertaut（1998）[88]基于意大利和美国数据的实证研究表明，流动性约束会降低居民风险金融资产投资的比重。李涛和郭杰（2009）[89]同样认为流动性约束对股票投资有显著的负影响。李海荣（2016）[78]的研究与该结论完全相反，他认为流动性约束越高的居民反而会倾向于投资风险资产，可能的原因是流动性约束较高的居民往往有较高的人力资本，而人力资本带来的财富效应提升了这部分群体风险资产投资的概率。而何兴强等（2009）[65]则发现该变量对居民风险资产投资概率的影响不显著。

1.3.6 信用评级的相关研究

近年来有少部分学者研究商业银行对中小企业的信用评级方法[90]，例如赵家敏等（2006）[91]提出通过可量化的“软指标”以及不可量化的“硬指标”构建我国商业银行中小企业的信用模型。康书生等（2007）[92]针对定量指标，采取模糊数学综合评价方法，同时，针对定性指标权重的确定，通过专家评分，利用AHP方法，构建了一套适合我国中小企业的信用评级方法[93]。但对于农户等借款人而言，却很少有学者进行研究。商业银行对农户信用评级往往采用的是企业或者大资产个人客户的评级模型，因而忽视了农户小额的特点，降低了农户贷款的积极性。当然，也有一些学者，例如胡愈等（2007）[94]综合运用 UTAHP 法和 FCA 法分析法确定指标权重，提出了动态的小额农户信用贷款评级方式。张平（2012）[95]通过深入分析江陵县农信用社小额贷款发放情况，运用定量分析整合小额信贷评估体系指标和等级标准。不过，总体而言，针对农户及新型农业经营主体的信用贷款评级模型的研究和应用仍不成熟、不丰富，为此，商业银行针对农户的专用信贷评级模型研究还有待加强。本书将围绕如何对农户进行针对性的信用评级展开探讨，尝试构建一套适合家庭农场（农户）的信用评级体系和方法。

1.3.7 现有研究的综合评述

目前国内外学者针对家庭农场的融资困境进行了大量研究，然而这些学者大多数是根据家庭农场的融资现状直接阐述其融资困境，例如：江维国（2014）[44]直接从融资渠道、借贷行为、保险机制、财务管理这四个方面理论分析家庭农场发展中面临的金融支持困境；张正宝和栾香录（2015）[43]通过理论分析我国家庭农场融资现状，从微观和宏观层面分析家庭农场融资制约因素；许爱萍和沈英莉（2015）[96]基于理论分析家庭农场发展的金融困境，表明实物抵押值不足、信息不对称、经营风险高等是导致困境的主要原因。虽然也有少数国内外学者对家庭农场金融需求的特征进行了分析，认为家庭农场的金融需求表现出需求额度大、期限多元化、服务多样化等特点（金为华，2013[36]；王春贤，2013[11]；赵久爽，2015[12]），但是都没有深入研究到底是哪些因素影响着这些特征，本书拓展了前人对家庭农场融资困境的研究，不仅探讨了家庭农场金融需求的特征，还进一步分析了这些特征的影响因素。

此外，目前与家庭农场金融需求相关的文献中，众多学者都是研究某一类别即资金需求的问题，较少有学者同时关注两个类别。并且，其中关于资金需求方面的研究，主要反映的是存在资金需求且需求额度较大，需求期限具有季节性，以及向正规金融机构借款难；而在服务需求方面，主要体现的是农业保险需求强烈。而本书除了对上述范围进行分析，还进一步分析了资金需求紧迫与否、资金来源渠道和投资理财的情况。而且，现有文献多是通过描述性统计分析家庭农场的金融需求现状，鲜有学者对其影响因素展开实证分析，且实证方法都较为简单。本书则先是利用信度与效度检验考察数据的可靠性，再通过因子分析的方法对变量进行降维处理，最后运用二元 Logistic 模型和 Tobit 模型具体探讨了资金紧迫与否、民间借款概率、向银行借款难易程度及理财投资概率、农业保险需求程度这五个方面的家庭农场金融需求问题，分析其影响因素，进而提出具有针对性的建议。

在变量选取方面，本书首次在家庭农场和金融需求的相关研究中引入背景风险因素，这在研究家庭农场金融需求的影响因素方面考虑更加全面。而且，除背景风险和家庭农场自身的特征因素之外，本书还考虑了传统的人口统计特征等变量的影响。在分析家庭农场金融的相关问题时，学者们多是引用了人口统计学和资产特征作为控制变量（周月书等，2016[97]；邓道才等，2016[39]；郑涛等，2017[13]；姜丽丽和仝爱华，2017[52]）。在资产特征方面，多是有关资产、收入等客观的财富特征变量，尚未有学者引入主观的家庭财富情绪特征变量。行为金融学认为，心理因素与情绪是影响金融市场决策的关键要素。客观的财富特征仅是衡量财富表面的广度即多少，而主观的家庭财富情绪特征能够进一步从心理学角度衡量财富的深度即满意与否。

就家庭农场（农户）的信用评级而言，存在以下几方面有待完善的地方：（1）在对信用评级主体研究中，大多集中于大企业以及中小企业而忽视了家庭农场（农户）这一特定主体，因此专门针对家庭农场（农户）的信用贷款评级方法还有待加强；（2）即使少量文献将家庭农场（农户）作为主体进行评级分析，但往往对其定量指标比例看得过高，而不知家庭农场（农户）作为一个比中小企业财务信息更不透明、更不规范的特殊群体，其定量性资产往往很少甚至不清晰（例如产权），同时还存在相关指标信息难以得到，需要很长的时间和收集成本，导致所建立的评级体系华而不实，而不知应尽量选择信息较为容易获得的指标作参考。（3）现有研究在探讨如何建立新的信用评级体系后，大多文献往往只注重体系的说明阐述，而未通过大量数据来论证所建立信用评级体系的效用性，即未证实在该信用体系下家庭农场（农户）信贷的成功性回收概率是否更高。

1.4 研究思路、内容与方法

1.4.1 研究思路

金融需求包括资金需求和服务需求。本书从金融需求的视角出发，主要回答了为什么研究、怎样研究以及如何满足家庭农场金融需求这三个问题。根据这条逻辑主线，首先理论分析我国家庭农场的发展现状，概括目前有关家庭农场金融需求的研究情况；然后根据实地调查上海松江区和江西省家庭农场获得的信息数据，分析样本家庭农场的金融需求问题并进行实证分析，来探究家庭农场发生资金需求及服务需求困境的主要原因，并从政府、金融机构和农户自身的角度提出符合家庭农场实际发展需求的政策建议，以有效满足家庭农场在发展过程中产生的金融需求。

另外，本书拟通过对国内外农户贷款业务研究，明确当今贷款业务发展处于何种水平，同时深入了解家庭农场（农户）信贷存在的问题，对信用风险如何融入贷款业务进行深入考察，将家庭农场（农户）信贷难的根源所在进行理论化。同时在大多学者研究基础上，研究信用评级的现状发展状况以及所存在的一些问题，通过对信用评级指标选取、权重的确定等一系列过程来构建适合家庭农场（农户）这一群体的信用评级模型，从而有助于银行等金融机构更加便捷有效地确定目标家庭农场（农户）的信用等级状况，最终达到改善家庭农场（农户）融资环境，使得优质家庭农场（农户）贷款融资难融资贵问题得到解决。随后，将家庭农场（农户）实例应用于新的信用评级体系，以证明本书所构建家庭农场（农户）评级体系的有效性和科学性（图 1-1）。

1.4.2 研究内容

本书主要从理论研究、实证研究以及政策研究的层面上进行探究。具体内容如下：

第 1 章，绪论。论述本书的研究背景和研究意义，指出本书的选题原因；归纳总结有关家庭农场金融需求、背景风险以及家庭农场（农户）信用评级的国内外文献并做出综合评述，提出本书的研究创新之处。

第 2 章，概念界定和理论基础。对本书主题作出明确的概念界定，凸显本书研究中心，有利于后续分析；论述家庭农场金融需求和信用评级的理论基础，便于知晓其在各个阶段出现的金融问题及当时的解决方法，为后文分析做准备。

第 3 章，国内外家庭农场背景、发展状况及相关政策。系统地归纳总结中国和国外家庭农场的发展背景，出台的相关政策，以及发展近况。根据概括国内外家庭农场的不同情况，帮助后文提供政策建议。

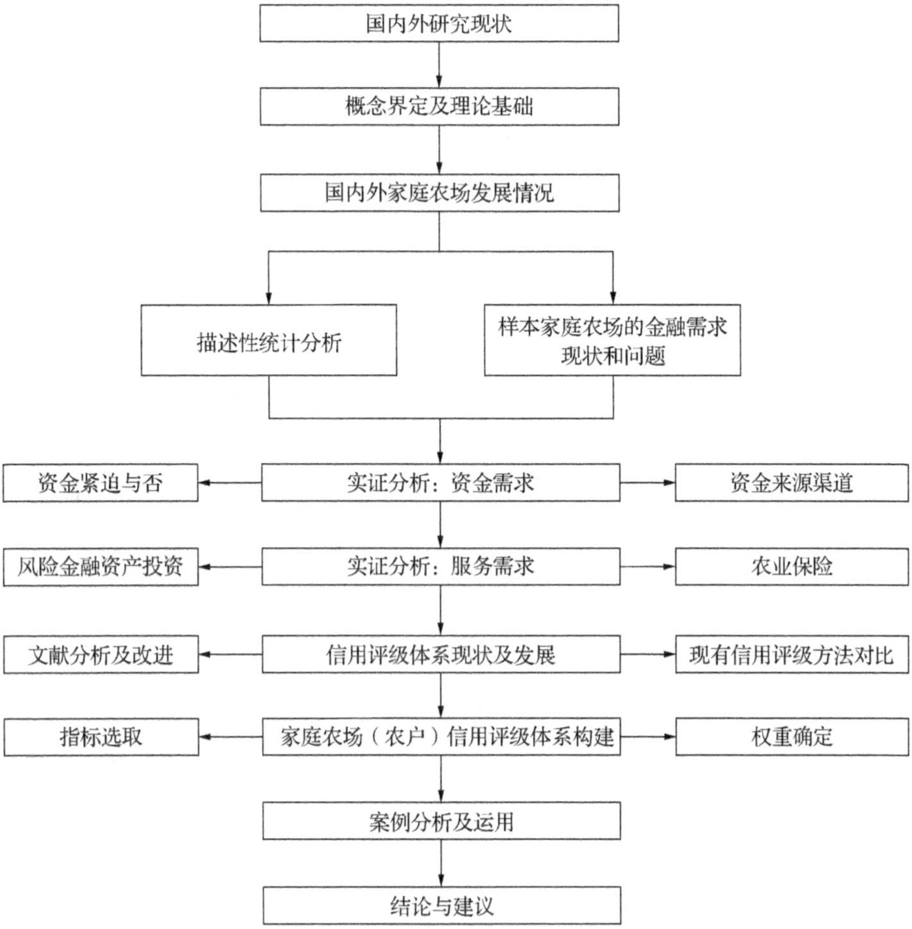

图 1-1　研究思路

第 4 章，上海、江西地区家庭农场的金融需求现状。统计分析上海松江区、江西省吉安市和新余市家庭农场的发展现状。根据样本数据对农场主的个人信息和家庭资产构成、家庭农场的基本情况和融资情况作描述性分析，基于其金融需求的具体表现方式提出样本家庭农场存在的金融需求问题。

第 5 章，资金需求之紧迫与否及来源渠道。运用微观调研数据，基于家庭农场的背景风险，实证探讨家庭农场的资金需求紧迫度受哪些因素影响。当面临资金危机时，家庭农场能否获得外源借贷至关重要，因此，进一步，本章针对“家庭农场外源借贷渠道畅通受哪些因素影响”和“银行类正规金融机构和民间借贷两种渠道有何区别”这两个问题进行实证研究。

第6章，服务需求之风险金融资产投资。家庭农场的金融需求除了资金需求之外，服务需求的研究较为少见，本章针对家庭农场的风险金融资产投资需求进行实证研究，从家庭农场风险金融资产投资参与以及比重两方面，探讨家庭农场的风险金融资产投资行为受哪些因素影响。

第7章，服务需求之农业保险。农业具有天然的弱质性，农业保险对农业的可持续发展至关重要。本部分针对家庭农场的保险需求进行实证研究，探讨哪些因素会显著影响家庭农场的保险需求。

第8章，信用评级体系现状。本部分对商业银行现有各信用评级方式的优缺点以及适用范围进行分析，梳理出现有信用评级体系存在的不足，作为后续家庭农场（农户）信用评级体系构建的基础。

第9章，家庭农场（农户）信用评级体系构建。在阅读了大量信用评级相关文献的基础上，本部分从信用评级原则的明确、信用评级指标的改进以及指标权重方法的选取三方面展开研究，尝试构建针对家庭农场（农户）的信用评级模型。并通过江西省南昌县某专业大户对此信用评级模型进行解释说明。

第10章，案例运用。利用对家庭农场（农户）的微观调研数据，采用构建的信用评级模型进行信用评级，并与商业银行信用评级结果进行对比，以验证新构建信用评级模型的科学性和可靠性。

第11章，研究结论与政策建议。结合前文的各类分析，对本书的研究进行总结，并从政府、金融机构和家庭农场（农户）自身这三个层面对家庭农场金融需求问题的解决以及信用评级的完善提出有效建议。

最后为结语。

1.4.3 研究方法

本书综合运用金融学、产业经济学、计量经济学等学科知识，采取文献研究、定量和定性分析、理论和实证分析、实地调查等方法对金融需求视角下家庭农场金融需求与信用评级作全面、系统、深入的研究，为促进家庭农场的发展提供理论依据。具体而言：

①采用文献研究方法对家庭农场资金需求、服务需求以及金融支持的现有研究及现状进行全面的梳理。

②采用文献研究方法对国内外信用评级体系的发展现状及存在的问题进

行全面的梳理，对评级指标的选取和指标权重的确定进行全面的梳理，为后续研究开展提供参考和指引。

③采用文献研究和理论分析方法对家庭农场的金融需求概念做出界定。

④采用理论分析方法为家庭农场金融需求困境和信用评级提供理论支撑。

⑤采用文献研究和理论分析方法详细分析国内外家庭农场的发展背景、政策支持和金融需求概况。

⑥采用实地调查方法考察上海松江区、江西省家庭农场的发展现状，为保证这一方法的可行性，需要设计一份具有针对性的、全面的、精简的调查问卷，制定可行的调查方案以及尽可能地选择可靠性较高的问卷发放对象。

⑦通过对南昌县某专业大户的调查来说明所构建信用评级体系的运用，同时基于永丰县佐龙乡、新余市九龙山乡以及上海松江区 50 份有效问卷进行分析，来判断所构建家庭农场（农户）综合信用评级体系的有效性和实用性。

⑧采用定量分析和定性分析方法对样本家庭农场展开全面的描述性分析，着重探究家庭农场的金融需求困境，严格遵循“讲全面，抓重点”的原则。

⑨采用实证分析方法检验样本家庭农场金融需求的影响因素，其中实证分析方法具体包括信度与效度检验、因子分析法、二元 Logistic 模型分析和 Tobit 模型分析，以及内生性检验。

⑩层次分析法。通过对各相关指标两两之间进行对比打分，确定指标之间的相对重要关系，再进行一定的计算机运算得出相关分析结果，并同时验证结果的有效性。

⑪数值分析法。数值分析法可以用于对所得到的数据进行数学分析并得出结果。本研究运用 MATLAB 软件对层次分析法中两两得出的数据进行可靠性试算，通过分析其运行的检验结果来判断其是否通过一致性检验，给出合理的解释。并且可以得到权重比率结果。

1.5 创新与不足

1.5.1 创新

①家庭农场金融需求包括资金需求和服务需求。现有研究主要针对家庭

农场的资金需求进行研究，取得较为丰富的成果。但较少有学者关注家庭农场的金融服务需求，如金融资产投资需求和农业保险需求，本书对家庭农场的风险金融资产投资行为和农业保险购买行为展开探讨，可以充实家庭农场的研究。

②研究背景风险与风险金融资产投资的文献较多，但研究对象主要为家庭（或居民个人），家庭农场是以家庭成员为主要劳动力的新型农业经营主体（2013 年中央一号文件），与通常意义上的“家庭”有其相似之处，同时又存在较大的差异。国外一些学者甚至将家庭农场视作中小企业（Stieglitz 等，1981；Banerjeel，1994）。因此，本书可以补充完善背景风险及风险金融资产投资相关领域的研究。

③考虑到家庭农场与家庭（或居民个人）的差异性，在背景风险变量之外，本书还引入家庭农场特征变量，试图探究具有不同特征的家庭农场，其风险金融资产投资行为有何不同？

④行为金融学认为，心理因素与情绪是影响金融市场决策的关键要素。本书引入财富情绪特征变量，探讨家庭农场风险金融资产投资决策究竟是受真实财富和收入影响，还是受财富主观感知所影响。

⑤研究者对家庭农场资金需求做了大量研究，取得丰富的成果。但较少有学者关注对家庭农场生存至为关键的“资金需求极度紧迫”情形。本书探究哪些因素会导致家庭农场更容易面临资金需求极度紧迫，这有助于丰富家庭农场资金需求的相关研究。

⑥当家庭农场面临资金危机时，外部融资至为关键。外部融资包括银行类金融机构和民间两种渠道。现有文献大多关注农户银行类金融机构融资能力受哪些因素影响，较少考虑获取民间借贷的影响因素。至于银行类金融机构和民间两种渠道的差异研究更为鲜见。本书尝试探究家庭农场正规借贷渠道和民间借贷渠道的影响因素，并进行对比分析。

⑦现有文献在研究是否有资金需求和资金需求满足度时，所考虑的因素大致是户主文化程度、家庭规模、资产规模、收入水平、信用情况、借贷渠道、年龄、工作经历等，鲜有涉及背景风险。背景风险是指影响投资者期末财富，外生且不可通过金融市场资产组合配置进行分散的风险（Heaton 和 Lucas，2000[59]；Tsetlin 和 Winkler，2005[60]）。背景风险的存在，显然会影响家庭农场的资金需求紧迫程度和借贷能力。另外，家庭农场与通常意义上的“农户”有相似之处，但也存在较大差异。国外一些学者甚至将家庭农

场视作中小企业（Stieglitz 等，1981；Banerjeel，1994）。因此，除现有文献通常考虑的家庭特征外，本书还尝试探讨家庭农场背景风险和家庭农场特征对资金需求紧迫度和借贷能力的影响。

⑧现有家庭农场（农户）信用评级体系存在较大缺陷，本书尝试构建针对性的信用评级体系去评判家庭农场（农户）的信用等级。就信用评级相关内容而言，本书的可能创新点在于：一、从理论上系统地阐述了信用风险与家庭农场（农户）融资的关系，用信用违约互换作为中介说明了信息不对称才是家庭农场（农户）融资的根本因素。同时在参考大量相关文献的基础上，指出构建针对家庭农场（农户）的信用评级体系才是解决家庭农场（农户）融资困境的有效途径；二、在现有信用评级模型基础上，通过改进其信用评级准则，在原有银行信用评价指标中加入了社会网络等定性指标以及网络数据，以降低信息收集成本。同时，对定性指标以及定量指标分别采取专家打分法和给定标准区间值法；三、通过家庭农场（农户）调查数据，验证该家庭农场（农户）信用评级模型的有效性。

1.5.2 不足

本书的不足之处主要体现在信用评级的内容。本书选择层次分析法和模糊综合评价法来构建家庭农场（农户）信用评价体系。但其实对于定性指标的评价相对还是比较困难的，尤其是社会地位、邻里关系等因素，很难做到完全客观的评价，在一定程度上都会受到主观因素的影响。同时由于问卷数据的难获得性，没有通过更多的家庭农场（农户）案例来检验所构建的家庭农场（农户）信用评级体系的准确性。在后续的研究中，是否能获取更广泛的家庭农场（农户）信息，然后将这些数据运用到我们的模型中，以使得评价模型对家庭农场（农户）信用水平的判断更加精准有待进一步确认。

2　概念界定和理论基础

2.1　概念界定

在我国现有文献中，并没有对“金融需求”这一名词作出清晰明确的界定。即便如此，还是有一些文献以金融需求为主题或是在文中提及该词。以农户为研究主体，谢丽霜（2007）[17]、张营周（2009）[98]、陈文晴（2011）[18]等人均认为金融需求主要以融资需求为核心，其具体表现为是否有资金需求、资金需求额度、资金使用用途以及资金来源渠道这几个方面；除融资需求外，熊长城（2008）[99]、孔晴（2010）[100]、贾澎（2011）[101]、邓芬芬（2014）[102]和杨红丽（2016）[103]都认为金融需求还应包括信贷、支付结算、理财和保险等金融服务，更甚之，随着农村金融服务供给的变化，农户理应具有接触并熟悉农产品期货的金融需求（黄健，2010[104]；兰勇等，2015[2]；郭栋梁，2018[4]）；此外，杨汝岱（2011）[105]和程杨（2014）[106]认为农户的金融需求主要表现在其借贷行为上，李乐（2011）[107]则用存款需求和贷款需求来表示农户的金融需求，尽管所使用的替代名词不同，但是他们用来反映农户金融需求的具体指标还是资金需求、使用用途和来源渠道。以中小企业为研究主体，信贷是涉农企业在农村金融改革后的主要金融需求（张营周，2009[98]），林强（2009[16]）和贾澎（2011[101]）提出还应考虑资金短缺情况、短缺规模、借款期限和渠道等金融需求；流动资金贷款是中小企业的主要贷款方式，此外，金融服务和贷款渠道也是中小企业金融需求的表现方式（彭建刚，2005[14]；葛兆强，2007[15]）。以家庭农场为研究主体，李日（2008）[108]、万芹（2013）[109]、范晓霞（2013）[47]和张霞（2015）[110]认为金融需求体现在资金需求情况和期限上，王春贤（2013）[11]、吴婷婷（2014）[1]、赵久爽（2015）[12]则进一步指出家庭农场的金融需求还反映了服务需求这一方面，具体表现为除存取款、汇兑等基础服务的其他服务，例如支付结算、投资理财、农业保险等。

综上所述，本书所提出的“金融需求”主要表现为两大方面：一是家庭农场的资金需求，包含资金需求程度、资金需求额度、资金来源渠道、融资期限和融资用途这五个部分；二是家庭农场的服务需求，包括理财投资和农业保险。

2.2 理论基础

2.2.1 农村金融理论

农村金融理论发展至今主要包含三个演变历程：20 世纪 80 年代之前的农业信贷补贴论、20 世纪 80 年代至 90 年代的农村金融市场论以及 20 世纪 90 年代后的不完全竞争市场理论。每一次演变都在不断调整和改善农村金融理论，尽管到现在依然不够完善，但是均对当时的农业发展给予了一定的金融支持。

农业信贷补贴论强调需要向农村注入大量政策性资金。20 世纪 80 年代之前对农户的看法是无储蓄能力，尤其是贫困阶层，从而农村面临慢性资金不足的问题。由于农业具有投资期长、回报率低且收入不确定的风险，当时的商业银行不可能违背自己追求最大化利润的目标向农户提供贷款，因此农户在筹集资金方面非常困难。故该理论认为，面对农村内部日益削减的资金存量，应当从外部向其注入大量政策性资金，并建立非营利性的专门金融机构来进行资金分配，为农村金融市场带来活力，缓解农户资金问题和发展农业生产力。此外，考虑到农业的特性，其借款利率较之其他产业更低。然而，许多事实表明该理论存在以下缺陷：首先，政府政策性补贴资金的易获得性使得农户对此产生依赖，从而滞后了金融机构在农村金融市场的发展；其次，低利率会造成资金配给失衡，因为金融机构为弥补低利率带来的利润下降，更倾向于向大农户配给信贷资金；最后，信贷补贴造成了大量不良贷款，农户取得借款后在很大程度上是将其用于消费性支出而非农业生产，因此偿债能力弱且偿债意识低。

农村金融市场论强调市场经济起主导作用。该理论与农村信贷补贴论完全相反：首先，农户甚至贫困阶层都是具有储蓄能力的，因此无须从外部向农村注入资金；其次，低利率政策阻碍了农户向金融机构存款的动机，制约了农村金融的发展；再次，借款的非农业化用途使得金融机构的贷款回收率大大降低；最后，由于农村资金拥有较多的机会成本，导致非正规金融机构的贷款利率较高。根据农村金融市场论，利率在市场经济中能够自由化以使农村金融中介机构补偿其经营成本，这样就可以要求它们像金融实体那样运行，承担适当的利润限额；利率自由化也可以鼓励金融中介机构有效地动员农村储蓄，这不仅可以使它们更加不依赖外部资金，还可以使它们有责任去管理自己的资金。然而，在实际运行中，利率自由化并不能使农户都获得他们所期望的借款，完全依赖市场机制而反对政府干预的这一理论似乎也行不通。

不完全竞争市场理论强调在市场机制发挥作用时政府可以适当介入。20世纪90年代后，人们认识到为培育有效率的金融市场，仍需要一些社会性的、非市场的要素去支持它。根据不完全竞争市场理论，由于发展中国家的金融市场不是一个完全竞争的市场，贷方（金融机构）无法完全掌握借方的各种信息，如果仅依赖市场机制的作用可能无法培育出社会所需要的金融市场。因此，当出现市场失灵时，有必要采用诸如政府适当介入金融市场以及借款人的组织化等非市场要素。但是，尽管要求政府和提供贷款的机构介入农村金融市场，也不得不认识到，若要有效地克服由于市场缺陷所带来的问题，任何形式的介入都必须要求具有完善的体制结构。所以，对发展中国家农村金融市场的非市场要素介入，首先应该关注改革和加强农村金融机构，排除阻碍农村金融市场有效运行的障碍。这包括消除获得政府优惠贷款方面的垄断局面，随着逐步取消补贴而使优惠贷款越来越集中面向小农户，以及放开利率后使农村金融机构可以完全补偿成本。

研究我国家庭农场的资金需求问题可以运用以上农村金融理论。在家庭农场发展初期，政府补贴对其起步具有至关重要的作用，农场主能够得到部分资金支持。但随着家庭农场的继续发展，其对资金的需求会扩大，政府补贴和向金融机构借款已不能再满足家庭农场的资金需求。这时农村市场理论在家庭农场融资中得到应用，市场机制引导农村资金自由流动。由于我国现行的制度问题导致家庭农场缺乏有效的担保，在上述理论下获得正规金融机构的贷款十分不易，政府适当干预能够改善农村金融市场，促进家庭农场进一步发展。

2.2.2 信息不对称理论

信息不对称指双方行为主体各自拥有不同质量与数量的信息而导致决策

和交易行为失真的现象。由于双方信息不对称，故存在一方处于有利环境而另一方处于不利环境的情况，从而导致逆向选择。在家庭农场金融需求中，信息不对称和逆向选择问题非常明显。农场主向金融机构申请贷款，较之金融机构，农场主对此项交易掌握更多的信息，如家庭农场的经营状况和获利能力等。此外，每个家庭农场的风险都不尽相同。因此，这就要求金融机构选取一个平均风险水平作为贷款审核的衡量标准。但是，这往往会造成风险水平低于该衡量标准的家庭农场不愿借款而风险水平高于该标准的家庭农场乐于借款的现象发生，从而不良贷款可能频频出现，导致金融机构设立高门槛的借贷业务、保险业务等，阻碍农村金融市场的发展，进而使得家庭农场资金需求出现困境。所以，这就要求金融机构创新传统金融服务，建立符合家庭农场发展的抵押担保业务、支付结算业务、专业保险业务、理财投资业务等金融服务，为家庭农场的资金需求提供保障。

信息不对称产生于20世纪70年代，起初并没有受到经济学者的重视。20世纪80年代，随着西方经济学家把“信息不对称”理论引入进金融市场，慢慢的这一理论的经济学意义才逐渐凸显出来。我国最早研究该理论的是仵志忠等人，仵志忠（1997）[111]认为银行中介的真正价值不在于“期限转换”职能，而在于它能够相对有效地解决“逆向选择”和“道德风险”问题。王宪全（2003）[112]通过实证发现银行不良债权同社会经济活动中广泛存在的不对称信息有直接关系。换句话说，由于信息在银行与企业之间的不对称分布而导致银行不良债权的产生。

信息不对称在银行业务中主要体现在银行等金融机构对贷款人的信息了解不充分，也正是由于无法直接获取其企业和个人最真实有效的信息，因而，银行在定价时往往不会依据其客户的具体风险特点给出一个较为合适的贷款利率，而是给予所有借款人一个较高的平均利率，这样做的话，就会使风险较高的客户获取贷款而风险较低的客户退出交易，这就形成了银行贷款市场上“劣币驱逐良币”的现象，从而产生信用风险。

信息不对称对农户贷款也具有较大的影响。对于金融机构来说，如果无法获得农户的真实信息，因而在面对无法识别风险时，金融机构则不会对其发放贷款。即使可以获取农户的真实信息，但往往由于贷前、贷中、贷后等各个环节都存在信息搜集和维护成本，因而如果信息识别过程太难，也就是花费巨大成本搜集到的真实信息，就具体操作而言，也是没有多大意义的。相同地，农户等小规模借款人意识到自己的信息难以被银行所准确识别时，一部分人就会放弃自己的银行借贷行为，而另一部分人则会通过银行依据有限的信息进行贷款决策而实现贷款行为。往往可能会产生两种问题：银行将资产贷给了高风险客户，产生了自己的高风险不良资产率；处于保守考虑，拒绝了其优质客户。

2020 年以来，也有学者不断将信息不对称理论运用到银行信贷和农户贷款中，何婧（2020）[113]从信息传播网络结构的视角出发，就涉农网络借贷平台信贷发放的详细运作机制、存在的局限和解决措施进行了深入的探讨，构建涉农网络借贷平台的信息传播网络，从而缓解农户信贷约束机制提供了实践意义。王蕾等（2019）[114]从信息不对称和代理成本两个视角，探究内部控制抑制银行信贷风险的具体路径，发现，代理成本在内部控制抑制银行信贷风险的影响中发挥中介效应，而信息不对称并没有发挥这一作用。张笑等（2020）[115]通过使用人人贷 2010 年 10 月至 2016 年 12 月的交易数据，同时运用 Probit 模型，发现借款人到网点的距离与平台的信息获取成本正相关，同时借款金额越小，相对信息获取成本越大，信息不对称问题越严重。这些研究都从信息不对称理论上某个角度为银行信贷风险的减少提供了相应参考。

2.2.3 规模效应论

家庭农场较之传统农业具备一个绝对优势：集中土地，规模经营。我国当前正处于工业化和城镇化阶段，随着工业化和城市化的快速推进，工农业部门之间的工资差距越来越大，吸引了大量的农村劳动主力向城市非农业部门转移，因此造成一些农村土地闲置。同时，我国正在放宽农民在城市安家落户的标准，使更多农民在城市获得新生活。有了归属感，农民自然就愿意转移闲置土地了。并且，伴随着“三权分置”和土地承包经营权规范流转等一系列配套政策的实施，发展家庭农场水到渠成。而有效的金融支持则能给家庭农场的发展锦上添花，带来正向规模效应。

规模效应又称规模经济。在微观经济学对企业效益的分析中，企业成本由固定成本和可变成本构成。当企业扩大规模，单位总成本因固定成本的关系下降时，说明企业具有规模经济效应。这里的规模通常指生产数量。规模扩大有两种方式：一是消耗更多的生产要素，如劳动力、经营规模等；二是在生产要素不变的前提下，通过使用新技术或新设备提高生产能力进而增加产量。规模经济主要有三种类型：内部规模经济、外部规模经济和结构规模经济。内外部规模经济是指由企业内外部生产要素或生产能力变动使企业收益增加；结构规模经济则是指企业结构或者行业整体结构变动带来的效益增加。特别地，当规模超过某一最优水平时，如果继续扩大规模会引发负效应即规模不经济。

因此，在家庭农场经营中，要想通过金融支持给其带来规模经济必须集中生产，即实现适度规模经营。这种经营方式能在一定程度上克服传统农业生产活动分散化和低效率的弊端。如一方面，金融机构给予家庭农场资金支持，使其能够承包一定规模的土地、购买足够的生产资料、修建基础设施等；另一方面，金融机构创新金融服务种类，使符合条件的土地承包经营权、农机具、销售订单等可作为抵押品，提供灵活多样的担保方式和保险产品，等等。这些金融支持均能给家庭农场的发展带来正向规模效应。此外，家庭农场较为集中的商品化生产又可以激发农业生产活力，将规模经营的效应发挥至最大化。

2.2.4 行为金融理论

传统金融理论的基石——“有效市场假说（EMH）”在解释实际金融现象时遇到了许多问题，这要求运用其他理论进行解释，行为金融就是在对EMH提出质疑的基础上不断发展起来的。行为金融理论对原有理性框架中的现代金融理论进行了深刻反思，从人的角度来解释市场行为，充分考虑市场参与者的心理因素作用，为人们理解金融市场提供了一个新的视角。它注重投资者决策心理的多样性，突破了现代金融理论只注重最优决策模型、简单地认为理性投资决策模型就是决定证券市场价格变化的实际投资决策模型的假设，针对理性人假定提出关于人类行为的假设：非完全理性，研究更接近实际。

2.2.5 信用的发展与内涵

在私有制出现之后，社会分工也不断扩大，商品不断积累，甚至出现了大量商品剩余，于是在私有制以及社会分工的丰富土壤中，使得商品交换变为现实。但随着时间梯度的发展，传统的交易方式，即“一手交钱，一手交货”已经越来越不能满足人们的需求。于是人们便寻求一种新的支付方式，可以用于延期支付金额的同时也可以满足对商品的提前拥有，赊销便诞生于此。赊销便意味着商品卖方基于一种信任买方的基础上（认为买方在将来会按期支付约定的商品金额），这时除了商品交换关系形成的同时，买卖双方债务债权关系的形成，这便是最早的信用出现方式——以商品买卖形成的信用交易。

后来随着货币发展的丰富，信用已经不仅仅局限于商品交易活动中，更多的以借贷方式出现。此后便有了一种新的范畴——金融。现代金融方式是以借贷为主的信用方式。在市场经济发展初期，信用更多的是以企业间的商业信用形式展现出来。而后随着市场经济的繁荣发展，银行等金融机构如春笋般大批出现时，即使其出现时间比商业信用要晚得多，但由于其涉及的深度以及广度都比商业信用要大得多，银行信用则慢慢地替代了大部分商业信用，成为现代经济活动中最重要的信用形式。然而，银行信用与商业信用并不是十分对立的，有时两者还会互相促进发展（房燕主编，货币银行学）。例如，商业承兑票据的贴现，通过获得银行的承诺付款，将商业信用转化为银行信用，使得商业信用的发展大大加强了。

可以说现代市场经济就是信用经济，信用关系无处不在，生活中每个人都处于信用关系的大网中，信用影响着每一个人。从人类历史发展到现在，信用这一词也已经有越来越丰富的内涵了。我们将从道德以及经济范畴两个方面讲述信用的内涵。

从道德范畴上看，信用是以诚实守信道德来约束人的行为。通常在相对封闭的乡村熟人社会中比较有效。在这样的环境下，乡土社会保留着浓郁的诚信传统，人们大多都熟悉彼此，对每个人的家庭背景情况都知根知底，如其中有人违约，那么整个乡村就会利用其独特的“闲言碎语”去惩罚违约之人，同时会给整个家庭带来几乎不可挽回的声誉，甚至会影响到自己的亲属，之后再想与村民发生信用交易，几乎是不可能的或者违约成本很大，因此在封闭乡村中采用道德约束是比较有效的。

从经济范畴上看，信用实际上是借贷行为。是指在商品等经济活动中，授信人在充分信任受信人能够实现其承诺的基础上，用契约关系向受信人放贷的过程。并且在信用过程中，通常会实现其价值增值。授信人之所以贷出相应的资金，让渡其这段时间的使用，是为了可以获得超过当前值的价值增值。而受信人之所以能够借入相应的资金，是因为其承担了资金未来的还本付息义务。因此，又可以说经济范畴上的信用是在不改变其所有权的前提下，实现财富在不同所有者的转移变化，同时在这种变化中还伴随着一定的财富增值。至少可以从国家、银行、企业、个人几个层次来理解。

2.2.6 信用风险

随着现代风险环境的变化以及管理技术的发展，催生了一种现代意义的信用风险，其涵义已经愈发丰富了，其定义为由于合约一方（借款人或市场交易对手）未履行合约而导致债权人发生经济损失可能性。当然也有更一般的解释是信用风险包括由于借款人信用评级的变动和履约能力的变化从而导致其债务市场的价值变动而引起损失的可能性。而银行等金融机构存在的主要风险就是信用风险，即交易对手不能完全履行合同的风险。这种风险贯穿银行贷款、担保，以及证券投资等表内、表外多种业务中。如果出现较大的信用风险，除了不能及时收回资产，影响银行自身的部分经营外，更有甚者，一旦导致银行现金准备不足，人们都发生强烈的挤兑，那么银行便会陷入流动性危机，导致银行发生破产。因此，信用风险作为放贷机构甚至小额贷款人都必须考虑的事情，是关乎贷款能否发生进行的前提。

2.2.7 信用风险与农户融资

我们都知道信用风险是银行融资中重要的风险，但往往我们在实际运用上却很少从理论上去考虑信用风险到底对农户融资的重要性，只是大概描述了信用风险对银行很重要，我们该如何做？又或者说我们是否了解其背后意义又是什么？这对我们解决农户融资难的问题是非常重要的。接下来我们将利用一种最为常见的信用衍生产品也就是信用违约互换来帮助我们更好地理解农户融资难的根本原因是信息不对称。

信用违约互换（Credit Default Swap，CDS）是一种最为常见的信用衍生产品（图 2-1）。这种合约可视为对某一特定公司违约的风险所提供的保险。其中所涉及的公司称之为参考实体。保险的买入方指获得基础资产违约保护的一方，同时它需要向互换的卖方定期支付一定的保险费用，相当于利率互换的固定利率支付方；而保险的卖出方指承担信用风险的一方，它的现金流支付情况则取决于违约事件的发生，相当于利率互换的浮动利率支付方。

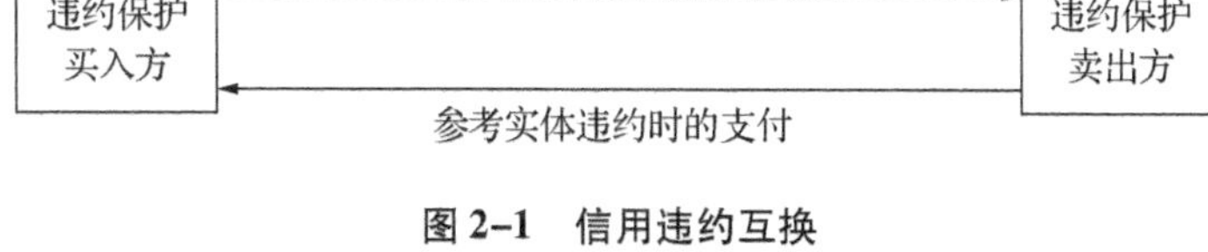

图 2-1 信用违约互换

我们假想把家庭农场类型的农户看成是小企业，作为贷方；而银行作为金额借方，这时银行要对这家小企业决定是否发放贷款？当银行决定发放贷款时，对于这一情况实现，银行需要有充足的理由相信农户在未来约定的时候有足够的金额偿还其贷款，否则银行就会将其资金转向更为了解的客户。假设有一种保护机构对农户家庭背景、信用等都相对比较了解，该机构对银行发放针对此农户的信用违约互换产品。有了此产品，当银行向农户贷款，若农户到期未还款，则银行有权向这一机构申请赔偿原贷款，这一保护机构就会相应地赔付原贷款本金。若该农户到期还款时，则银行便可以获得农户贷款利率减去违约互换的价格（图 2–2）。

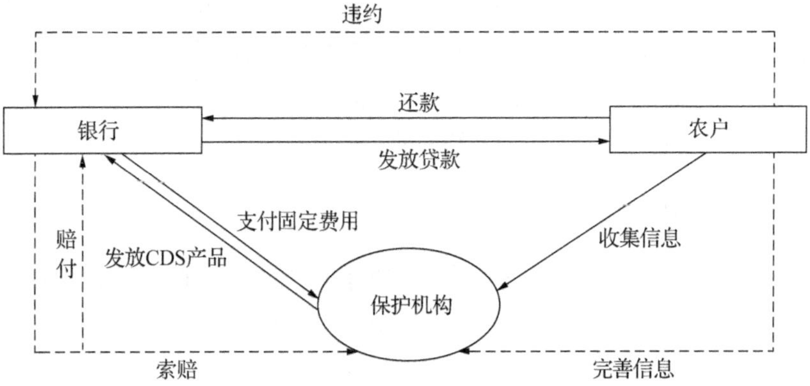

图 2–2　信用违约互换结构

CDS 价格应大体等于其相对应银行对农户的贷款利率减去无风险利率的差值，

$$CDS\ 溢差价值 = R_{农} - R$$

其中，$R_{农}$ 是指农户获得贷款所付出的利率，R 是指无风险利率。

通过上式，我们知道，要使农户获得相应的贷款金额付出的贷款利息足够小的话，有两种路径，要么降低 R 或者降低 CDS 溢差价值。但 R 受平均利润率、资金供求关系和国家调节的影响。因此，对于金融机构来说，发放贷款基本不会改变其数值，又或者说可以近乎当作为常数，因此只可能通过改变 CDS 溢差价值来降低农户获得的贷款利率。我们知道是保护机构向银行提供 CDS 产品，而之所以保护机构能从银行给农户贷款活动中获得固定费用价格，主要原因是保护机构从农户获取的信息超过银行从农户获取的信息的那一部分。也就是说当银行等金融机构从农户获取的信息足够大时，接近于保护机构从农户获取的信息时，这意味着保护机构只能从农户贷款中获得一点点收益或者说没有收益。当保护机构信息已经完全不能获取超额收益时，信息价值为0时，银行便可以自行抉择是否给农户贷款，这时这一保护机构也就没有存在的必要了，农户贷款利率才能从根本上解决。正因为如此，信息不对称才是农户融资的根本因素[116-117]。也有学者基于这一视角从农村担保与信用评级上解决信息不对称问题。赵学军（2014）[118]提出破解贷款难的关键在于大力发展农村信用担保制度的观点。张三峰等(2013)[119]得出了信用评级可以缓解农村信用社与农户之间信息不对称问题，使得在农户融资难问题上，其能发挥积极作用[120]。

2.2.8 交易费用理论

交易费用理论认为，交易双方在交易前都需要了解对方的信用情况，而其中一方在了解另一方的信用情况过程时就会产生一定的交易成本，即交易费用（李爽，2017）[121]。例如，银行若要了解某农户的信用情况，他可以去自身银行存贷款记录或对接去央行征信系统进行调查和评价，但往往由于农户信用信息较少甚至没有，为了能够有效地对该农户进行深入基础了解，就需要到农户所在地进行考察，这从农户申请贷款到其银行完成评级后选择是否发放贷款所耗费的成本就是交易费用。而交易费用的大量存在，最终又将转移到农户自身借贷成本中，这也是为什么农户不愿借贷的重要原因。

3　国内外家庭农场背景、发展状况及相关政策

3.1　中国

3.1.1　产生背景

从解放初期的合作化运动到“人民公社”时期的集体生产经营模式，高度集中的集体经营模式和分配平均主义阻碍了生产力的发展。自十一届三中全会伊始，农民自主探索，创新了“包产到户”的新型经营模式，解放了农村生产力，家庭联产承包责任制度作为农业基本生产经营制度的地位得到确立，并在很长一段时间为我国农业经济带来了积极影响。这项制度的实质在于土地所有权和使用权的分离，土地集体所有权由集体行使，农户拥有土地承包经营权。以家庭经营为基础的家庭联产承包责任制适应农村生产力发展要求，提高了农业经济效益，推动了农村经济的发展。然而，随着生产力的发展和农业生产水平的提高，带有小农经济痕迹的家庭联产承包责任制难以适应规模经济的要求。同时，由于城镇化进程加速推进，大量农村劳动力涌入城市，使得农村大部分土地闲置。这迫切要求农业经济进行制度创新，促使土地流转，实现规模化、产业化经营，提高土地利用率。因此，家庭农场应运而生。它能够兼顾农业生产的集约化要求，同时实现适度规模经济，在一定程度上克服了家庭联产承包责任制效益低下、欠缺市场竞争力等问题，是在农村经济不断发展的背景下符合农业现代化要求的创新。

3.1.2　发展状况

随着家庭农场的登记注册、土地流转的规范化进行、农民在城市落户的规定宽松化等，传统小规模农户逐渐升级为家庭农场，自给自足的农业生产者数量大量减少，更多的是商品化经营的家庭农场主，中国农业从经营规模

到组织形式发生质的飞跃。截至2014年6月，我国家庭农场数量达到87万多户。以上海松江区和江西省为代表，详细概述这两个地方家庭农场的发展状况。

上海松江区从2007年开始探索发展家庭农场，经过近十一年的实践，已取得了良好效果。松江区家庭农场的迅速发展与松江的特殊背景息息相关。一是松江区农村劳动力的大量转移，为松江带来了富余的农田。近年来，松江经济快速发展，高达90%以上的农村壮年劳动力向二、三产业转移，致使其原先承包的土地无人耕种。与此同时，留在农村的劳动力则擅长耕种，那些未充分耕种的土地恰好为其扩大生产规模提供了最为重要的土地资源。二是农村土地的规范流转，使得富余农田的耕种权能够转移到专业户手中。2006年，松江区政府出台专项指导意见，引导和鼓励农民规范流转土地，减少兼业农户，扩大专业户，推进适度规模经营，为家庭农场的发展奠定了坚实的制度基础。截至2008年，松江农户承包地已流转16.02万亩，占承包地总面积的90.87%。三是农业生产力水平的不断提高，为少量劳动力耕种大量农田创造了技术条件。生产力水平的提高主要体现在机械化水平提高、农业服务体系完善等方面。例如，松江区创新了农业服务形式，为专业农户提供专门的培训指导、农资农机、农业保险和贷款担保等产前、产中、产后服务，真正做到了为家庭农场的农业生产保驾护航。

除了上述背景优势，松江区家庭农场的良好发展还得益于地方政府的积极支持。例如：建立农地流转制度。一是以“依法、自愿、有偿”为原则，推行农民承包土地委托村委会统一流转的方式，集中农民土地，实行规模经营，将土地交给真正有志于从事农业生产的农民经营。二是发挥政策杠杆调节作用，及时调整土地流转政策，将土地流转费由原本固定的600元/亩调整为以500斤稻谷实物折价，使土地流转费随粮食收购价变动，使流出土地农民和家庭农场之间的利益由市场调节。据了解，实行流转价格实物折价政策以来，松江区土地流转费长年处于上海各区的最低水平，2016年全区土地流转费均价为每亩733元/年，仅为全市均价的65%。

截至2016年6月统计，江西省家庭农场达1.67万家，其中从事种植业的有4949家，从事养殖业的有6598家，从事种养结合的有1441家，从事其他经营的有近千家；家庭农场经营耕地总面积近千万亩；全年家庭农场经营总收入366 005万元，其中经营收入在50万元以下的有10 925家，占总数的81.2%；目前，江西省在工商部门注册登记的名称中带有“家庭农场”

四个字的个体工商户和企业共有11 482家（数据来源于土地流转网）。

江西省主要从三个方面推动家庭农场健康有效发展。在宣传培训方面，2014年，江西省通过专题培训、农经网站、编印下发《江西农场改革创新重要文件汇编》《2013年中央1号文件及省委二号文件学习参阅资料》《深化农业农村体制机制改革50题问答》和《2014年春季农业送科技下乡政策宣讲手册》等，多形式、多渠道、广覆盖向广大基层农村宣传中央、省委关于发展家庭农场有关精神，引导和鼓励农业大户到工商部门登记注册家庭农场。同时，依托已有的阳光工程培训、农村实用人才带头人培训等多种培训资源，分专题批次培训全省家庭农场主，进一步提升他们的经营管理水平，10月下旬，还举办了一期家庭农场专题培训班，培训学员230余人次。

在规范发展方面，为规范家庭农场发展，省工商局制定了家庭农场登记程序，规定凡是符合家庭农场认定标准的农户，持乡（镇）农经（农技推广）部门签署意见的《家庭农场认定申请表》，就可以向当地工商部门申请注册登记，申领营业执照。赣州、景德镇、吉安、新余、抚州等地工商部门联合农业局、农工部等相关部门出台了鼓励扶持家庭农场发展的意见，鼓励种养大户成立家庭农场，工商部门根据实际情况，分别从放宽名称登记条件，降低资本准入门槛，放宽住所登记条件，放宽经营范围，放宽生产经营方式，免收相关登记费用，迅速快捷办理动产抵押登记，支持发展特色农业、休闲农业、绿色农业和生态农业，在全力助推品牌农业发展、加强农业营销服务等多个方面给予大力扶持。

在土地流转方面，2014年，江西省全面启动了农村土地承包经营权确权登记颁证工作，并力争在年底基本完成，进一步夯实农村土地流转基础，让农民吃上“定心丸”，确保农民“权证装进口袋里，土地放心流出去”，从而缓解家庭农场等新型农业经营主体发展的土地瓶颈问题。为贯彻中央一号文件和省委一号文件精神，江西省出台了《关于规范引导农村土地承包经营权流转发展农业适度规模经营的意见》，从土地流转的基本原则、创新流转形式、强化扶持措施、强化服务管理、加强农村土地流转组织领导五个方面对规范引导农村土地向家庭农场等新型经营主体流转，发展适度规模经营提出了具体的指导意见。

2015年11月6日，江西省农业部制定《江西省示范性家庭农场认定及监测管理办法》。办法规定了省级示范性家庭农场的认定标准：基本条件是须经县级以上农业行政部门认定并在注册登记部门登记，有营业执照，有生产经营场所，有家庭农场牌子，实行财务核算管理的家庭农场。家庭农场根据所从事的行业分为种植、养殖和种养结合型三种类型。经营规模则要达到适度规模标准并相对稳定。即从事经济作物生产的，经营土地面积达到20~200亩；从事粮食作物生产的，经营土地面积达到50~300亩；从事畜禽养殖的，能够做好畜禽养殖废弃物综合利用，年出栏商品猪500~2000头或年出栏仔猪1000~3000头，年出栏肉牛50~250头，奶牛存栏20~100头，年出栏肉羊200~1000头，年出栏肉鸡0.5万~5万羽，蛋鸡存笼2000~20 000羽，年出栏肉鸭0.5万~3万羽，年出栏肉鹅1000~5000羽；从事水产养殖的，养殖面积达到50~500亩；从事种养结合的，经营土地面积达到50~500亩。

此外，参加省级示范性家庭农场评选还需具备一定的申报条件：一是农场经营者需从事专业化、商品化农产品生产三年以上，具有相应的专业生产技能和现代管理理念，参加新型职业农民培训并具备有关资格；二是具备与生产经营相适应的水、电、路基础设施条件，机械化程度高于当地相同产业。拥有一定的生产资料和产品初级加工场所和设施，有效提供或接受农业社会化服务；三是实行独立成本核算，已形成规范实用的经营管理模式。合理设置会计账簿，财务管理科学规范。制订年度生产计划和3年以上发展规划，按照计划开展农业生产经营活动。流转土地发展适度规模经营的，须与流出方签订正式流转合同，期限在3年以上；四是农业生产实行标准化作业，有生产记录，严格投入品使用，注重品牌培育，质量可追溯；遵守国家产业政策和禁止行为规定，生产经营活动诚信守法，无不良诚信记录；五是土地、劳力、资本要素配置合理，基本实现订单生产，有稳定的销售渠道，利用电商等销售模式。农产品年销售总额50万元以上，正常年份农业生产经营年纯收入达到15万元以上，农业收入占家庭年收入的80%以上；六是开展家庭农场之间的联合与合作，组建农场协会。领办或加入农民合作社或专业协会，是农民专业合作社或协会的核心成员。与农业产业化龙头企业合作，开展产业化经营，建立紧密的利益联结机制。以成熟先进的生产经营方式带动周边农户发展，在当地有较高的信誉和威望。

近年来，江西省一直致力于探索家庭农场的高效发展。“众人划桨开大船”，为鼓励各地区家庭农场互帮互助，2017年1月11日，江西省家庭农场联合会正式成立。随后，抚州市南城县、上饶市婺源县、井冈山泰和县、宜春市袁州区等地纷纷成立县家庭农场联合会，积极响应江西省农业部的号召。

3.1.3 相关政策

家庭农场的发展符合我国人多地少、土地碎片化程度严重的基本国情，是农民的自主选择，具有客观必然性。同时，也离不开政府的引导和鼓励。从2008年党的十七届三中全会，到2013—2018年中央一号文件，每一次的提出都彰显了政府对发展家庭农场的高度期望。继2013年中央一号文件首次正式提出家庭农场概念后，2014年2月24日农业部下发了《关于促进家庭农场发展的指导意见》，同年在《关于引导农村土地经营权有序流转发展农业适度规模经营的意见》中提出“所有权、承包权、经营权三权分置”的政策规定；2015年开展家庭农场登记制度；2016年建立农业部门认定家庭农场名录，探索开展新型农业经营主体生产经营信息直连直报，并且下发《关于完善农村土地所有权承包权经营权分置办法的意见》的政策规定。

2018年财政部、农业部针对家庭农场等新型农业经营主体发布了各种强农惠农政策，涵盖范围之广、优惠力度之大前所未有，这更加体现了我国对发展家庭农场的重视度以及家庭农场对改善我国农场经济的重要性。具体的：

①耕地地力保护补贴。补贴对象原则上为拥有耕地承包权的种地农民，补贴资金通过“一卡（折）通”等形式直接兑现到户，具体补贴依据、补贴条件、补贴标准由各省（区、市）继续按照《财政部、农业部关于全面推开农业“三项补贴”改革工作的通知》要求，结合本地实际具体确定。

②农机购置补贴。中央财政资金全国农机购置补贴机具种类范围为15大类42个小类137个品目，实行补贴范围内机具敞开补贴，补贴对象为从事农业生产的个人和农业生产经营组织，允许各省（市、区）选择不超过3个品目的产品开展农机新产品购置补贴试点，重点支持绿色生态导向和丘陵山区特色产业适用机具。

③新型职业农民培育。全面建立职业农民制度，将新型农业经营主体带头人、现代青年农场主、农业职业经理人、农业社会化服务骨干和农业产业扶贫对象作为重点培育对象，以提升生产技能和经营管理水平为主要内容，培训新型职业农民100万人次。

④农民合作社和家庭农场能力建设。以制度健全、管理规范、带动力强的国家农民合作社示范社、农民合作社联合社和示范家庭农场为扶持对象，

支持发展绿色农业、生态农业，提高标准化生产、农产品加工、市场营销等能力。

⑤农业信贷担保体系建设。健全全国农业信贷担保体系，推进省级信贷担保机构向市县延伸，实现实质性运营。重点服务种养大户、家庭农场、农民合作社等新型经营主体，以及农业社会化服务组织和农业小微企业，聚焦粮食生产、畜牧水产养殖、优势特色产业、农村新业态、农村一二三产业融合，以及高标准农田建设、农机装备设施、绿色生产和农业标准化等关键环节，提供方便快捷、费用低廉的信贷担保服务。

⑥土地确权登记颁证。继续按计划推进农村土地承包经营权确权登记颁证和农垦国有土地使用权确权登记发证工作。

⑦农业保险保费补贴。纳入中央财政保险保费补贴范围的品种为玉米、水稻、小麦、棉花、马铃薯、油料作物、糖料作物、能繁母猪、奶牛、育肥猪、森林、青稞、牦牛、藏系羊和天然橡胶，按照农业保险“自主自愿”等原则，农民缴纳保费比例由各省自主确定，一般不超过20%，其余部分由各级财政按比例承担。在13个粮食主产省的200个大县深入实施农业大灾保险试点，启动实施三大粮食作物完全成本保险试点。

3.2 美国

美国是农产品出口大国，建国以来一直重视农业的发展。美国农场可以分为家庭农场、合作农场和公司农场三大类，其中家庭农场占大部分。美国现代家庭农场的概念产生于20世纪70年代初，当时联邦政府为家庭农场限定了三条准则：一、由家庭成员经营管理；二、风险由家庭承担；三、家庭成员至少占农场劳动力的一半。只有符合这三个条件，才能以家庭农场的身份享受政府的优惠政策。早期，为降低构建家庭农场的土地成本，美国政府颁布了一系列法律法规，例如：1820年颁布新《农业法》，明确将公有土地以低价出售给农户；1862年颁布《宅地法》，规定在公有土地上耕作5年以上的个人或者家庭可免费获赠约65公顷公有土地；以及1873年的《木材种植法》、1877年的《沙漠土地法》、1978年的《林地法》和《沙地法》等法案，都对家庭农场低价甚至免费得到更多土地作了进一步规定（杜志熊和肖卫东，2014）。这些均为家庭农场为美国农业经济发挥支撑作用奠定了基础。而在可耕种国有土地基本分配完成后，农场主主要通过私有土地所有者间的买卖来实现土地产权转移。

根据美国农业部数据，2017 年美国农场共有 205 万个，其中小型农场（农场现金总收入低于 35 万美元）占 90%，而农业收入占比仅 23%，但是占比仅 10% 的中大型农场收入却占比 77%，由此可见规模大小对农场收益存在重大影响。此外，美国小型家庭农场一半都具有非农业工作。如 2017 年美国家庭农场收入中值（7.6 万美元）略高于美国所有家庭收入中值，但其中超过一半的小型农场家庭的主要收入来源于非农业收入，农业收入不足 10%。美国家庭农场的生产经营具备高度专业化，美国形成了 10 个农业生产区域，每个区域主要生产一种或两种农产品（刘建水，2016[122]）。

3.3 俄罗斯

苏联解体后，俄罗斯政府深受西方资本主义思想影响，施行全面的私有化改革，俄罗斯联邦政府采取了激进式的改革方式，计划在短期内完成非国有化进程。1990 年 11 月，俄罗斯联邦政府出台了《农户农场法》和《土地改革法》，对土地产权进行了界定和明晰，让农民能够以自有土地进行农业生产。家庭农场则应运而生，它是建立在土地私有化的基础上组建的家庭经营，包括个体家庭的经营和多个家庭形成的联合经营。然而这种强制性、命令性的制度变革方式忽略了农户的传统耕作观念，与农户的集体意识相悖，因此，没有立即得到实施。1991 年，继续受西方发达国家私有化思想影响，俄罗斯联邦政府推动农业生产经营组织进行改组，即由苏联后期的集体农庄和国营农场转向农场企业、居民经济和家庭农场这 3 种组织形式。1991 年 12 月，叶利钦发布了《关于俄罗斯联邦实现土地改革的紧急措施》和《关于改组集体农庄和国营农场的办法》的命令，规定在 1993 年之前，所有集体农庄和国营农场必须进行改组，原农场成员可以退出农场农庄，以私有土地组建家庭农场等经营主体。自此，家庭农场在俄罗斯得到正式发展。

从 1992 年的 4.9 万个，到 2015 年的 38.3 万个（其中 29.4 万个受政府大力支持），同比增长 87.21%，俄罗斯家庭农场的发展离不开政府的大力支持。从播种面积和占全国播种总面积的比例来看，俄罗斯家庭农场的发展态势总体向好，基本保持上升趋势；从产值贡献率来看，2014 年较 1992 年翻了 8 番，俄罗斯家庭农场的产值贡献率呈整体上升趋势。但是，与农场企业、居民经济这两类农业生产经营主体相比，家庭农场的贡献率最低，意味

着家庭农场在俄罗斯农业发展中尚未充分发挥作用。(以上数据均来自(刘雨欣等，2017[123])

3.4 日本

日本的国土面积狭小，受地势、土壤等环境因素的限制，只有20%的土地适宜农业耕作，故农业经济一直受到日本政府的高度补贴和保护。1946—1950年，自耕农在总农户中的比重达到88%，耕地占到90%。1950年，日本共有593.1万农户，户均耕地面积约0.87公顷，四分之三的农户耕地面积不足1公顷（宗瑛，2015[124]）。“二战”后，日本政府致力于形成以小规模家庭经营为主的“小农经济”，1995年制定的家庭农场经营协议（Family Management Agreement）激活了家庭农业，消除了商业活动对农业的影响，使家庭经营得到合并，家庭农场由此得到发展。但是，随着20世纪60年代经济的快速增长和工业化的推进，日本从事全职农业的农户逐步减少（从1975年的490万户降至1988年480万户），越来越多的家庭农场转向非农活动，务农人员数量逐渐减少，同时出现农业劳动力老龄化的趋势（田伟等，2016[125]）。为此，日本政府新颁《农业基本法》，修改《土地法》，废除了对农地规模持有量上限为3公顷的限制，鼓励出租和承租农地，对达到一定规模的给予补贴，引导农户扩大经营规模，鼓励小微型家庭农场转变为能够获得与非农产业的劳动所得差不多收入的“适存农场”。这些法律和政策的实施产生了明显效果，2010年日本家庭农场经营规模在5公顷以上的家庭农场占45%，20公顷以上的家庭农场占26%（宗瑛，2015[124]；朗秀云，2013[126]）。

针对小规模家庭农场面临的风险抵御能力差和市场劣势等问题，日本农业协同组合（农协）在很大程度上提供了帮助。日本农协是农民参加的自主、自助、自制型组织形式，主要为农户提供产供销服务和一定的行政辅助功能，与我国的协会性质相像，但作用范围更广、功能更加强大：一是帮助会员制订产前生产经营计划；二是集中购买生产资料；三是进行农产品的收购和销售；四是为会员提供优惠的信贷服务（李由甲，2016[127]）。目前，不同层级的日本农协机构共有500多个，对农户的覆盖率达到了99%以上。

4 上海、江西地区家庭农场的金融需求现状

4.1 数据来源及样本区域选取原因

2017 年 8 月 1 日至 9 日，笔者所在的团队分成三小队分别前往江西吉安市永丰县佐龙乡、江西新余市九龙山乡以及上海松江区（具体走访地点为新浜镇新浜村、叶榭镇东勤村与井凌桥村）展开抽样调查。本次调查囊括了纸质问卷、电子问卷和实地访谈的形式，不仅通过与农场主、非农居民以及农办处工作人员的面对面沟通充分了解到家庭农场的真实发展情况，还利用电子问卷的便利尽可能地收集完整的数据并节省调查时间。调查内容包括农场主的基本信息、农场主的家庭资产构成、家庭农场的基本情况和融资情况等四大部分。本次调查共发放 500 份问卷，收回有效问卷 408 份，其中电子问卷 64 份。

本书旨在通过对两个经济发展、家庭农场发展以及地理环境相差较大的地区进行比较分析，得出较为全面的结果。松江区作为发展家庭农场领先示范区之一，具有耕地 25.59 万亩。在探索实践农业现代化、培育引导农民专业化、建设推进农村生态化等方面，现今的松江区都处于全国领先地位。自 2007 年起，松江区开始探索发展规模在 100 ~ 150 亩的家庭农场。近十年来，该地区的家庭农场模式在不断地探索实践中逐步走向成熟。江西作为农业大省，虽然探索家庭农场的发展模式还处于初步阶段，但是一直都致力于遵循国家和农业部的指示，不遗余力地参与到家庭农场的建设和发展当中。2013 年江西省省委、省政府出台了《关于加快构建新型农业经营体系的意见》，随后，2014 年省农业厅起草了《关于加快发展家庭农场的意见》，再次强调对家庭农场发展的财政扶持、金融支持、落实经营用地等优惠政策。因此，家庭农场在江西省得到了一定的发展。据统计，截至 2015 年 6 月，江西省家庭农场总数达到 2.4 万家。

4.2 农场主和家庭农场的基本情况

4.2.1 农场主的基本信息（表4-1）

从农场主的个人特征来看，调查对象有男性372人，占91.18%；女性36人，占8.82%。该特征反映了我国传统乡土社会中男性主要承担了家庭的经济负担。受访者的年龄以45~60岁的中年人为主，占54.90%；其次是小于45岁的青年人，占40.20%。60岁以上的老年人仅占比4.90%，且该年龄段的样本全部来自江西地区，因为在实地访谈中得知上海松江区的家庭农场的注册条件之一是年龄限制为60岁以下。农场主的文化程度以初中为主，比例超过一半，高中及中专文化程度占比20.75%，大专、本科及以上文化程度占比较小，仅占5.88%。该特征表明大多数农场主具备基本的识字能力，甚至已有个别大学生愿意发展家庭农场。一个家庭的健康状况对家庭农场的正常经营具有非常大的间接影响。根据样本数据显示，健康状况为较好和非常好的情况略微超过半数，健康状况较差和非常差仅占5.88%；与之相对应的是，在医疗费用负担方面，一般、较少和几乎没有的情况也占绝大多数，为90.20%。该特征反映调查样本整体家庭健康状况处于较好的水平，绝大多数家庭的医疗费用负担不会影响其家庭农场的正常经营。

表4-1 农场主基本信息

特征	类别	频数	百分比（%）
性别	男	372	91.18
	女	36	8.82
年龄[①]	小于45岁	164	40.20
	45~59岁	224	54.90
	60岁及以上	20	4.90

① 联合国世界卫生组织提出新的年龄分段：44岁以下为青年人，45岁至59岁为中年人，60岁至74岁为年轻老年人，75岁至89岁为老年人，90岁以上为长寿老人。这5个年龄段的划分，把人的衰老期推迟了10年，对人们的心理健康和抗衰老意志将产生积极影响。本书《年龄段划分》来源于出国留学网。

续表

特征	类别	频数	百分比（%）
文化程度	小学及以下	48	11.77
	初中	248	60.78
	高中（中专）	88	21.57
	大专	16	3.92
	本科及以上	8	1.96
家庭健康状况	较好和非常好	228	55.88
	一般	156	38.24
	较差和非常差	24	5.88
医疗费用负担	没有和较少	200	49.02
	一般	168	41.18
	较多和非常多	40	9.80

4.2.2 家庭的资产构成情况

家庭总资产主要包含存款、金融性资产、房产等不动产。根据表 4-2，总资产为 50 万以下的有 188 户家庭，占 46.08%；为 50 万～200 万的有 92 户家庭，占 22.55%；超过 200 万的家庭有 128 户，占 31.37%。其中，房产占总资产的绝大部分。例如，房产超过 50 万的家庭占比 46.08%，略低于总资产超过 50 万的比重（53.92%）。此外，由于地域差异，总资产以及房产低于 50 万的样本家庭全部来源于江西。种种现象均表明除房产外，样本家庭并无过多的其他资产。在金融性资产方面，只有 14.71% 的样本家庭持有该类资产，其中银行理财产品占大多数。样本家庭的年均总收入集中在 0～10 万和 10 万～20 万这两个区间，分别占 42.16% 和 36.27%，年均总收入在 20 万以上的家庭也占了 21.57%，总体来说差别程度不大。在所有样本中，36.27% 的家庭没有负债，而在负债家庭中，基本上都集中于 0～30 万。其中，负债 0～5 万占 21.57%，负债 5 万～10 万占 14.71%，负债 10 万～30 万占 19.61%。

表 4-2　资产构成情况

特征	类别	频数	百分比（%）
总资产	0～50 万	188	46.08
	50 万～200 万	92	22.55
	200 万以上	128	31.37
金融性资产	有	60	14.71
	无	348	85.29
房产	0～50 万	220	53.92
	50 万～100 万	56	13.73
	100 万以上	132	32.35
年均总收入	0～10 万	172	42.16
	10 万～20 万	148	36.27
	20 万以上	88	21.57
负债	无	148	36.27
	0～5 万	88	21.57
	5 万～10 万	60	14.71
	10 万～30 万	80	19.61
	30 万～50 万	20	4.90
	50 万以上	12	2.94

4.2.3　家庭农场的基本发展概况

在样本家庭农场的经营规模方面，总体户均经营规模为 112 亩。其中，上海松江区的户均经营规模为 121 亩，最小的经营规模为 90 亩，最大的为 200 亩；江西地区的户均经营规模为 106 亩，最小的经营规模为 20 亩，最大的为 480 亩。总的来看，经营规模在 20～50 亩和 100～200 亩的家庭农场数量较多，前者的主要来源是江西地区，后者主要来源于松江区。调研样本中不同经营规模的家庭农场占比具体见图 4-1。

从家庭农场的年均收入、年均支出、农场主对其经营状况的评价以及最大的经营困难这四个方面来看样本家庭农场的经营情况（表 4-3）。在年均

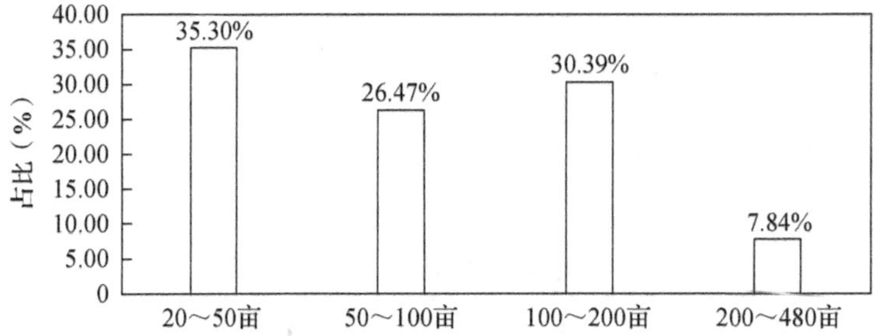

图 4-1　家庭农场经营规模

收入上，58. 82% 的样本家庭农场低于 10 万，收入高于 20 万的仅占 4. 90%；样本家庭农场的年均支出集中在 0 ~ 5 万，占比 57. 85%；虽然在 69. 61% 的样本农场主看来，自己对家庭农场的经营算不上好坏，但是鲜少有农场主认为其家庭农场的经营状况较差或非常差。在家庭农场的经营过程中，面临着各式各样的困难。据本次调查，42. 16% 的样本农场主认为其在经营家庭农场时面对的最大困难是资金问题，27. 45% 的样本农场主认为最大的经营困难是劳动力匮乏，生产技术问题、管理能力问题、天灾或疾病问题较少，分别占 8. 82%、14. 71% 和 6. 86%。

表 4-3　家庭农场经营情况

特征	类别	频数	百分比（%）
年均收入	0 ~ 10 万	240	58. 82
	10 万 ~ 20 万	148	36. 28
	20 万以上	20	4. 90
年均支出	0 ~ 5 万	236	57. 85
	5 万 ~ 10 万	116	28. 43
	10 万 ~ 20 万	36	8. 82
	20 万以上	20	4. 90
经营状况	较好和非常好	104	25. 49
	一般	284	69. 61
	较差和非常差	20	4. 90

续表

特征	类别	频数	百分比（%）
最大困难	资金	132	42. 16
	生产技术	36	8. 82
	管理能力	60	14. 71
	天灾/疾病	28	6. 86
	劳动力	112	27. 45

4.2.4 家庭农场的融资概况

从样本家庭农场的借款渠道来看。34. 26% 的家庭农场不存在借款情况，而在剩余的家庭农场中，向银行类金融机构和亲朋好友借款的占大多数，向民间机构及其他渠道借款的比例仅占 6. 48% 。根据表 4-4，样本家庭农场借款包括信用借款以及房产、农机具等设备、宅基地、农地承包经营权等抵（质）押形式。其中，信用贷款是样本家庭农场的主要借款形式，占比 36. 27% 。在具有借款的 63. 73% 的样本家庭农场中，31. 37% 的农场主认为其偿债压力较小或几乎没有，24. 52% 的农场主认为还能接受现有偿债压力，仅 7. 84% 的农场主表示现有偿债压力较大。对于最希望向谁借款这个问题，70. 59% 的农场主认为银行类金融机构是其借款的最佳对象，其次是亲朋好友，民间机构等其他非正规渠道仅占 7. 84% 。尽管大多数样本家庭农场希望向银行类金融机构借款，但是借款的难易程度见图 4-2。手续繁琐、借款用途受限、资信要求较高、借款额度较小、利率较高是样本家庭农场认为向银行类金融机构借款难的主要原因，见图 4-3，手续繁琐占 28. 70% ，借款用途受限占 15. 65% ，资信要求、借款额度和利率各占 13. 04% 。此外，审核时间较长、需要关系、借款期限不足也是向银行类金融机构借款存在的问题。

表 4-4 借款渠道的相关情况

特征	类别	频数	百分比
曾借款渠道	没有借款	148	34. 26%
	亲朋好友	112	25. 93%
	供销商赊购	4	0. 92%
	银行类金融机构	140	32. 41%
	民间机构及其他	28	6. 48%

续表

特征	类别	频数	百分比
抵（质）押形式	无	148	36.27%
	信用借款	148	36.27%
	房产	28	6.86%
	农机具等设备	12	2.94%
	宅基地	8	1.96%
	农地承包经营权	38	9.32%
	其他	26	6.37%
偿债压力	没有借款	148	36.27%
	较轻松和非常轻松	128	31.37%
	一般	100	24.52%
	较困难和非常困难	32	7.84%
最希望的借款渠道	亲朋好友	88	21.57%
	银行类金融机构	288	70.59%
	民间机构及其他	32	7.84%

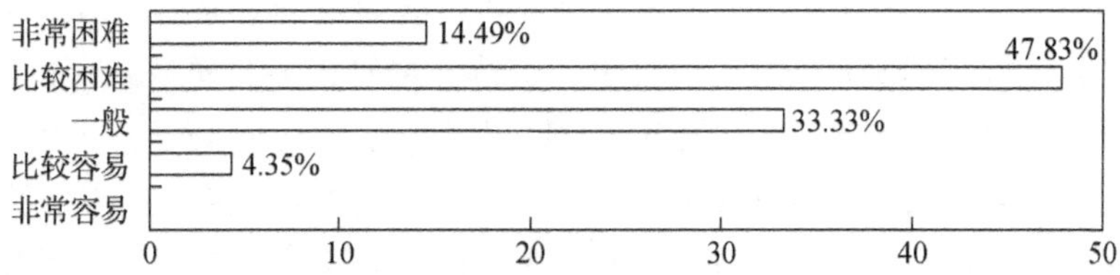

图 4-2　向银行类金融机构借款的难易程度

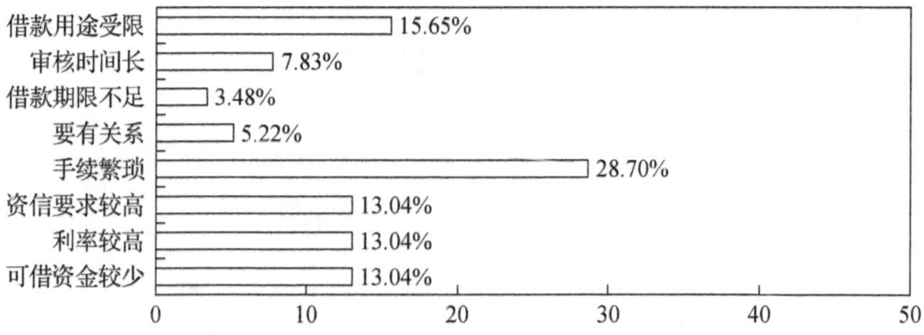

图 4-3　向银行类金融机构借款存在的问题

4.3 上海、江西地区家庭农场面临的金融需求问题

①资金需求意愿较高但满足度低。家庭农场就像是小微企业，需要一个完整的资金链支撑。在准备期需要资金来修建基础设施、支付地租、购买农资和生产资料等，在生产期需要资金来购置或租借农机具、支付工人工资等，在后期也需要资金来实现农产品加工和销售，然而收入只有等完成销售后才能获得，因此家庭农场的资金投入期与回报期之间存在一个较长的空白期，这就需要高额资金的支持。根据对上海、江西地区408户家庭农场的调查发现，79.81%的农场主表示在经营家庭农场的过程中存在资金短缺的问题，且认为这一问题是经营过程中最困难的高达42.16%，家庭农场资金需求程度和紧迫度较高，但是能够借到款项的家庭农场占比65.74%（其中必然包含无法足额借款的情况）。这表明并非所有的家庭农场都能取得借款，家庭农场的资金需求满足度较低。

②向正规金融机构借款受阻。根据调查发现，样本家庭农场中有63.73%存在负债，其中银行类正规金融机构的借贷占比49.29%。然而，抛开现实当中的一切不理想因素，问及最希望的借款渠道时，70.59%的家庭农场选择了银行类正规金融机构。其间20多个百分点的差距表明家庭农场的资金来源渠道受到了一定的阻力。一方面，14.49%的家庭农场认为向该类机构借款非常困难，且47.83%的家庭农场认为比较困难，而仅有4.35%的家庭农场认为比较容易；另一方面，手续繁琐、借款用途受限、资信要求较高、借款额度较小、利率较高是样本家庭农场认为向银行类正规金融机构借款难的主要原因。

③农业保险需求程度较高但支持不足。直观地说，保险对于投保者的意义就是在灾难发生时减轻其资金负担。一直以来，农业保险都是农产品可以依赖的唯一保障。但是，现实中农户对其评价并不非常令人满意。在对江西省、上海松江区408户家庭农场的调查中，59.81%的家庭农场对农业保险有需求。然而在谈到购买农业保险对借款审批是否有帮助时，仅仅只有38.24%的农场主表示有帮助。此外，甚至有12.74%的农场主不清楚农业保险。以上现象均表明，农业保险在农村仍没有得到足够的认识，而且也没有让农场主在经营家庭农场的过程中得到足够的支持。

4.4 实证方向

基于上述描述性分析与问题总结，本书将从资金需求和服务需求层面研究家庭农场的金融需求问题，其中资金需求着重研究资金需求程度即资金紧迫与否、资金来源渠道即来源渠道，服务需求主要研究理财投资即风险金融资产投资行为和农业保险需求程度。

5 资金需求之紧迫与否及来源渠道

5.1 变量定义

为了刻划家庭农场面临的资金极度紧迫情形，实地调研时，设计了问题“对于您的家庭农场来说，目前面临的最大困难或问题是什么”，选项则为“资金、土地、生产技术、管理能力、天灾、家庭劳动力缺乏、其他”。一般认为，当调查对象选取资金为目前面临的最大困难或问题时，可以在一定程度上认为其资金需求压力比较大，甚至到了影响家庭农场继续生存下去的程度，被解释变量取值为1。当对查对象选取其他选项时，则认为即使其存在资金需求问题，但尚不会威胁到家庭农场的生存，被解释变量取值为0。解释变量（影响因素）分别为背景风险、家庭农场特征、家庭资产收入、家庭规模与结构、家庭情绪、年龄与教育等。解释变量具体定义见表5-1。

表5-1 变量定义及描述统计

分类	变量	定义	均值	标准差
背景风险	收入风险 inc_risk（第15题）	农场收入+工资收入+收入来源=1，农场收入+工资收入/收入来源=2，仅持有农场收入=3	2.127	0.804
	健康风险 health（第8、9题）	非常好=1，较好=2、一般=3、较差=4、非常差=5	2.284	0.905
	流动性约束 liquid（第26题）	没有负债=0，非常轻松=1，比较轻松=2，程度一般=3，比较困难=4，非常困难=5（每月偿债压力）	3.343	0.895

续表

分类	变量	定义	均值	标准差
家庭农场特征	农场地域 region（第2题）	位于江西=0，位于上海=1	0.373	0.486
	经营规模 scale（第20题）	取实际值，介于20~480亩	31.818	26.289
	经营状况 manage（第23题）	非常差=1，较差=2、一般=3、较好=4、非常好=5	3.186	0.576
	金融素养 knowled（第34、35、39题）	按照实际得分+1赋值，介于1~6的整数累计加分：非常了解金融产品+2，了解+1，不了解+0；每参加/接受过一个单位的金融产品宣传/指导的各+1，没有参加+0	2.373	1.400
家庭资产收入	家庭财富净值（第13、14题）	取实际值，介于25万~350万元	130.660	41.651
	家庭年均收入（第16题）	取实际值，介于5万~150万元	18.726	4.456
	房产市值 house（第12题）	取实际值，介于25万~400万元	117.217	32.337
家庭规模和结构	家庭人数 human（第7题）	按实际人数赋值，介于3~8的整数	5.294	1.174
	同堂代数 struc（第7题）	按实际同堂代数赋值，介于2~4的整数	3.029	0.588
情绪特征	当前财富满意度（第18题）	非常不满意=1，较不满意=2，一般=3，较满意=4，非常满意=5	3.618	0.732
	风险厌恶程度（第6题）	无风险项目=1，略低风险略低回报项目=2，平均风险平均回报项目=3，略高风险略高回报项目=4，高风险高回报项目=5 数值越大，风险厌恶程度越低	1.784	0.791

续表

分类	变量	定义	均值	标准差
年龄与教育	年龄 age（第 1 题）	取实际值，介于 29 ~ 66 岁	46.696	9.542
	文化程度 edu（第 3 题）	小学及以下 =1，初中 =2，中专和高中 =3，大专 =4，本科及以上 =5	2.235	0.786

5.2 研究假设

①背景风险。背景风险包括收入风险、健康风险和流动性约束。一般来说，收入风险越大，收入的不确定性也就越高，更容易出现资金需求紧迫问题；健康风险较高的家庭农场在医疗方面的支出更多，资金也容易出现不足；而流动性约束越大，资金越可能周转不灵。本书认为背景风险对资金紧迫与否具有正向影响，并设为假设 H_1。

②家庭农场特征。家庭农场特征包括地域、经营规模、经营状况及金融素养。经济发达的地区，资金来源渠道相对会越多、金融服务的可得性和便利性也会越高，资金出现紧迫的概率越低。规模化是家庭农场关键特点之一。理论上经营规模越小，农场的自我积累更少、更慢，农地承包权或经营权所对应的抵押价值相对较低，农场所持有的固定资产投入也相对较少（进而所对应的可用于融资的抵押物较少），这都不利于家庭农场获得资金。本书以农场主的金融素养来代表家庭农场的金融素养，一般认为，金融素养更高的家庭农场，其对融资渠道、融资产品、相关金融机构人员的了解更深、沟通更畅，甚至主观能动性更强，这些都有助于家庭农场的资金获得。良好的经营状况不仅反映了经营者较高的管理能力，还给中小企业带来了较高的商业信用（左月华等，2015[128]），积极促进了企业的发展（吕劲松，2015[129]）。家庭农场经营状况好会产生财富效应和流动性效应。财富效应是指经营状况好的家庭农场，收入高，效益好，财富积累易形成。流动性效应是指家庭农场经营状况好，会建立较高的声誉，同时，由于财富的积累，可用以抵押的资产增多，流动性管理能力提升。这些都有利于资金的获取，从而缓解资金的紧迫程度。由此，本书提出假设 H_2：家庭农场特征对资金紧迫与否具有负向影响。

③家庭资产收入。家庭资产收入包括家庭财富净值、年均收入和房产市值。财富净值越高，年均收入越多，内源融资能力会显著提高。同时，外源融资的抵押品价值增加，有利于提升家庭农场的外源融资能力。作为一种高质量抵押品，房产市值越高，越能够帮助家庭农场向外融资。以上均会降低家庭农场的资金紧迫概率，故认为家庭资产收入对资金紧迫与否具有负向影响，并设为假设 H_3。

④家庭规模与结构。家庭规模与结构包括家庭总人口和同堂代数。家庭规模越大，家庭结构层次越多，意味着家庭农场人脉关系强，具有较高的关系资本，其获得借款的能力相对更强（热依拉·依里木和刘明，2018[130]）。因此，会降低家庭农场的资金紧迫概率。文章认为家庭规模与结构对资金紧迫与否具有负向影响，并设为假设 H_4。

⑤情绪特征。情绪特征由财富情绪和风险厌恶两个变量来度量。情绪的产生可以从两个方面来阐述：一是天生的情绪特质，比如，天生的乐观，天生的风险偏好，这属于生物特性；二是现实的情绪反映，由于自身财富、收入等方面相较于其他相似参照主体而言较多，故财富情绪特征显示更为乐观，风险厌恶程度降低（张琳琬和吴卫星，2016[131]），这是社会特性。但是，不论生物特性，亦或社会特性，从心理学和社会学的角度来说，通常认为，情绪乐观的主体，参与社会互动的能力更强，人际关系更好，人脉渠道更广；而风险厌恶程度较低的主体，相较于风险厌恶程度偏高的主体而言，更愿意接受或尝试新事物，更愿意吸收信息，进而更能捕捉新机会。这些特征，或有利于家庭农场经营，或有利于家庭农场外源融资，都可能降低家庭农场资金紧迫的概率。所以，本书认为情绪特征对资金紧迫与否具有负向影响，并设为假设 H_5。

⑥年龄与教育。年龄与教育包括家庭农场主的年龄大小和教育程度。随着年龄的增长，家庭农场主在业务水平、人生阅历、社会关系、人脉渠道、财富积累等方面，都会不断增长，这有利于家庭农场经营改善，也有利于外源融资获取。文化程度较高的农场主具备更强的学习能力，更容易接受新生事物，且知识面更广，在理解各种金融产品和熟悉各类融资渠道方面具有优势，这有利于提高家庭农场的内源融资能力和外源融资能力，从而降低其资金紧迫概率。故本书认为年龄与教育对资金紧迫与否具有负向影响，并设为假设 H_6。

5.3 资金需求紧迫的实证分析

5.3.1 信度与效度检验

由于所采用变量主要以李克特量表测度，对于经营规模、家庭财富净值等连续变量，在后期数据处理时，也同时将其划分为5级，以符合李克特量表要求。在正式运用模型进行回归分析前，需要先对数据的可信度和有效性进行测量，以确保回归结果真实可靠。Cronbach系数通常被用来衡量信度，一般来说，当Cronbach系数大于0.5时，量表信度基本符合要求，在0.7以上时信度较好。具体计算公式为：

$$\alpha = \left(\frac{n}{n-1}\right)\left(1 - \sum_{i=1}^{n} S_i/S_T\right)$$

其中，α为Cronbach系数，n测验题项数，S_i为每题各被试得分的方差，S_T为所有被试所得总分的方差。根据表5-2，背景风险、家庭农场特征、家庭资产收入、家庭规模和结构、情绪特征，以及年龄与教育的Cronbach系数均在0.7之上，故量表信息信度较好。

表5-2 信度检验结果

变量	背景风险	家庭农场特征	家庭资产收入	家庭规模和结构	情绪特征	年龄与教育
Cronbach系数	0.778	0.714	0.922	0.763	0.710	0.837

其次是衡量问卷调查信息的有效性，包括内容效度和结构效度。内容效度主要是指调查信息的内容是否合适，是否与调查问题相关。本书使用李克特量表，参照较为成熟的量表设计法并结合大量有关研究设计而成，因此可以认为内容效度较高。陈六傅和刘厚俊（2007）[132]、曹伟等（2012）[133]认为，结构效度主要是测量信息的有效性程度，通常选用因子分析法进行检验。一般认为公共因子载荷值大于0.5时，该变量的结构性效度较高。因此，本书的结构性效度检验在下文的因子分析部分进行。

5.3.2 因子分析

因涉及变量较多，为降低多重共线性影响，同时为有利于事件归类分析，采用因子分析寻找影响家庭农场资金需求紧迫的公共因子。因子分析法的主要思想是根据相关性的大小将原始变量分组，使同组变量间相关性较高，不同组变量相关性较低，每组变量代表一个基本因子，反映研究对象的一个方面。

（1）因子分析的适用性检验

在进行因子分析前，先对变量进行 KMO 和 Bartlett 检验。若 KMO 检验结果在0.6之上，同时 Bartlett 球形度检验的显著性 P 值小于0.05，则说明变量间相关程度大于偏相关性，适合进行因子分析提取出公共因子。通过检验（具体结果列于表 5-3），KMO 统计量为 0.660 且 Bartlett 球形度检验的显著性 P 值为0，故样本适用因子分析。

表 5-3　KMO 和 Bartlett 检验

KMO 取样适切性量数		0.660
Bartlett 球形度检验	近似卡方	1246.734
	自由度	153
	显著性	0.000

（2）公共因子数目的确定和因子载荷估计

确定公共因子数目，是因子分析中最重要的一步。很多学者对这一问题进行了深入讨论。主要有最小特征值法、总方差比例法和 MAP 方法等。最常用的是总方差比例法，即选择公因子个数 m，使得前 m 个特征值的和超过公因子总方差的某一门限值。这种方法多用于主成分法。因子分析首要步骤是确定因子载荷或估计得到因子载荷矩阵。常用方法有极大似然法、主成分法、最小二乘法、α 因子提取法等。本书采用主成分法同时完成公共因子确定和因子载荷估计。具体结果列于表 5-4 和表 5-5。根据表 5-4 可知，前六个特征值最大因子方差累积贡献率为 86.684%，基本解释了原始数据方差的绝大部分，因此，取公共因子数目为6。表 5-5 仅列出了 6 个公共因子的因子载荷估计值。从表 5-5 可知，对应于每一个原始变量，6 个公共因子中总存在大于 0.5 的因子载荷，因此，判定样本数据的结构效度较高（曹伟等，2012[133]）。

表 5-4 公共因子方差贡献

成分	特征值	贡献率%	累计贡献率%
1	4.686	26.034	26.034
2	3.071	17.064	43.098
3	2.567	12.706	55.804
4	2.465	12.136	67.940
5	1.926	10.119	78.059
6	1.013	8.625	86.684

表 5-5 公共因子载荷矩阵

变量	1	2	3	4	5	6
inc_risk	-0.065	-0.078	0.348	-0.698	-0.210	0.045
health	-0.175	0.229	-0.078	0.645	-0.214	-0.177
liquid	-0.413	-0.320	-0.174	0.528	0.220	0.234
region	0.130	-0.167	-0.070	-0.081	0.838	0.009
scale	-0.252	0.178	0.173	-0.110	0.564	0.154
manage	0.108	0.315	-0.295	0.191	0.540	-0.379
knowled	-0.078	0.373	0.243	0.322	-0.586	0.042
wealth	0.942	0.063	-0.059	0.086	0.111	-0.092
income	0.713	0.351	0.010	-0.111	-0.190	0.213
house	0.901	-0.012	-0.095	0.196	0.214	0.019
human	0.137	-0.022	0.779	0.094	0.352	0.004
struc	0.369	-0.436	0.643	0.039	0.142	-0.089
satisfa	0.417	0.137	-0.130	0.006	-0.007	0.765
aversion	-0.055	-0.324	0.225	0.175	0.089	0.698
age	-0.142	0.899	0.007	0.018	0.232	0.200
edu	0.046	0.736	0.075	-0.293	0.225	-0.148

（3）因子旋转

因子分析的目的不仅是求出公共因子，更重要的是知道每个公共因子的实际意义，以便对所研究的问题做进一步分析。公共因子是否容易解释，很大程度上取决于因子载荷矩阵的元素结构。采用最大方差旋转法来变换因子载荷矩阵，目的是使得因子载荷矩阵的元素取值尽可能地向两极分化，部分元素取尽可能大的值，部分元素尽量接近零值。最终希望原始变量都能分别与某个公共因子相互对应，使得公共因子容易得到命名解释性。因子旋转结果列于表 5-6。根据表 5-6 可知，公共因子 1 与家庭资产收入的相关性更高，故命名为“家庭资产收入因子”，同理其他公共因子依次命名为“年龄与教育因子”、“家庭规模和结构因子”、“背景风险因子”、“家庭农场特征因子”和“情绪特征因子”。

表 5-6　旋转公共因子载荷矩阵

变量	1	2	3	4	5	6
inc_risk	0. 131	-0. 047	-0. 030	-0. 800	-0. 023	0. 064
health	-0. 136	0. 052	-0. 048	0. 736	-0. 107	-0. 080
liquid	-0. 206	-0. 141	-0. 136	-0. 517	0. 162	0. 471
region	-0. 164	-0. 182	0. 199	0. 132	0. 800	-0. 018
scale	0. 346	0. 053	-0. 045	0. 134	0. 578	-0. 047
manage	-0. 111	0. 081	0. 294	0. 356	0. 565	-0. 455
knowled	0. 401	0. 348	-0. 024	0. 101	-0. 501	0. 041
wealth	0. 900	-0. 029	0. 253	0. 156	0. 059	-0. 144
income	0. 544	0. 221	0. 615	0. 004	-0. 034	-0. 042
house	0. 919	-0. 039	0. 149	0. 157	0. 106	0. 031
human	0. 019	0. 124	0. 858	-0. 028	-0. 017	0. 077
struc	0. 195	-0. 369	0. 762	0. 060	-0. 096	0. 038
satisfa	0. 484	0. 013	0. 042	0. 018	0. 127	0. 736
aversion	-0. 078	-0. 105	0. 094	0. 212	-0. 037	0. 783
age	-0. 063	0. 945	0. 065	-0. 071	0. 128	-0. 014
edu	0. 058	0. 729	0. 059	0. 043	-0. 148	-0. 380

5.3.3 Logistic 回归分析

（1）模型构建

基于问题“对于您的家庭农场来说，目前面临的最大困难或问题是”构建因变量“资金紧迫与否”。本书认为，当调查对象选取资金为目前面临的最大困难或问题时，可以在一定程度上认为其资金需求压力较大，甚至可能影响家庭农场的继续生存问题，取值为1。当对查对象选取其他非资金选项时，则认为就算其存在资金需求，但尚不会威胁到家庭农场的生存，取变量值为0。采用 SPSS23.0 软件，将上述六大公共因子作为自变量，分别设定为 X_1，X_2，…，X_n。此即为一个多元回归模型：

$$Y = f(X_1, X_2, \cdots, X_n) + \varepsilon$$

其中“ε”为随机误差项。由于因变量 Y_1 服从 Bernoulli 分布，无法使用线性模型衡量，因此采用二元 Logistic 模型：

$$P_i = \frac{1}{1 + e^{-(a + bX_i)}} = \frac{e^{a + bX_i}}{1 + e^{a + bX_i}}$$

其中，“P_i”为第 i 个事件发生的概率，在［0，1］之间，a、b 分别为回归截距和回归系数。将事件转化成多元线性回归模型的形式，如：

$$\ln\left(\frac{P_i}{1 - P_i}\right) = a + bX_i$$

（2）回归结果

运用二元 Logistic 模型将公共因子得分与因变量“资金紧迫与否”回归，并采用逐步向后回归方法剔除非显著变量。在第二步回归时，剔除“情绪特征因子”。模型的卡方值为 48.088，在 1% 水平上显著，模型有效。结果详见表 5-7。

表 5-7 “资金紧迫与否”回归结果

		B	S. E.	Wald	Sig.	Exp（B）
步骤 1	家庭资产收入因子	-0.888	0.287	9.603	***	0.411
	年龄与教育因子	-0.524	0.165	10.132	***	1.690
	家庭规模和结构因子	-0.529	0.258	4.214	**	1.697
	背景风险因子	0.356	0.295	1.454	*	1.428
	家庭农场特征因子	-0.337	0.187	3.261	*	0.714

续表

		B	S. E.	Wald	Sig.	Exp（B）
步骤 1	情绪特征因子	-0.305	0.232	1.727	-	0.737
	常量	-0.780	0.318	6.019	**	0.458
步骤 2	家庭资产收入因子	-0.894	0.284	9.885	***	0.409
	年龄与教育因子	-0.492	0.157	9.773	***	1.635
	家庭规模和结构因子	-0.406	0.228	3.162	*	1.500
	背景风险因子	0.367	0.211	0.874	*	0.821
	家庭农场特征因子	-0.326	0.184	3.155	*	0.722
	常量	-0.797	0.316	6.368	**	0.451

注：*、**、***分别表示在10%、5%、1%水平下显著。

（3）结果分析

由表5-7可知，除假设5不成立外，其他5个假设均得到验证。即背景风险增大容易导致家庭农场面临资金需求紧迫的困境。家庭农场特征和家庭资产收入向好、家庭规模扩大和结构层次增加、以及年龄和教育优化均有利于减缓家庭农场面临资金需求紧迫的可能性。但主观情绪特征并不显著影响家庭农场资金需求紧迫与否。

5.4 进一步分析：资金来源渠道

当面临资金危机时，家庭农场能否获得外源借贷至关重要。当外源借贷渠道通畅时，资金危机较快容易得到解决，家庭农场不易陷入资金需求紧迫困境。家庭农场外源融资渠道主要包括银行类正规金融机构融资和民间借贷两种。家庭农场外源借贷渠道畅通受哪些因素影响？银行类正规金融机构和民间借贷两种渠道有何区别？本部分探讨这两个问题。

5.4.1 变量与模型假定

通过问题“您曾通过以下哪些渠道获得过借款？（可多选）”来构建民间借贷变量。根据回答，选择“民间借贷机构”和“亲朋好友”中至少一个选项的取值1，其他选项的取值0。基于问题“您向银行类金融机构借款的难易程度”构建银行类金融机构借贷变量。非常困难取值1，比较困难取值2，难度一般取值3，比较容易取值4，非常容易取值5。将选择“未借款”的家庭农场排除在外，得到268个样本。解释变量直接采用表5-1所设定的变量。经营规模、财富净值、家庭年均收入、房产市值以及年龄等变量均采用对数值。由于被解释变量所具有的不同特性，民间借贷研究采用二元Logistic模型，银行类金融机构借贷研究则选用Tobit模型。

5.4.2　多重共线性与异方差检验

由于模型中包含较多解释变量，自变量之间是否存在多重共线性将会极大影响回归结果的可靠性。我们通过计算方差膨胀因子VIF，来判断自变量之间的相关性（张宇山，2009[134]；蔡真和汪利娜，2012[135]）。具体计算结果列于表5-8。根据表5-8，所有自变量均满足非共线性的条件，共线性问题不会给本书的实证分析带来困扰。

表5-8　共线性检验

自变量	VIF	自变量	VIF	自变量	VIF	自变量	VIF
inc_risk	1.693	scale	1.651	income	1.838	satisfa	2.676
health	1.499	manage	1.780	house	4.857	aversion	1.566
liquidi	2.588	konwled	2.084	human	1.997	age	2.384
region	2.749	wealth	7.956	struc	2.973	edu	2.975

考虑到Tobit模型适用条件较为严格，文章对其展开异方差检验。因为White检验既不需要对可能引起异方差的解释变量观测值的大小排序，又适用于任何形式的异方差，所以选用White检验法。White检验的原假设和备择假设分别是H_0和H_1。H_0：随机误差项u_i不存在异方差；H_1：随机误差项u_i存在异方差。一般认为当NR^2的P值大于给定的显著性水平时，接受原假设；反之，则拒绝原假设；此次设定的显著性水平为10%。检验结果见表5-9。根据表5-9，关于“向银行借款难易程度”的检验结果显示不存在异方差。

表5-9　异方差检验

统计量	数值	Prob.	检验结果
NR^2	1.194	0.763	接受原假设

5.4.3 实证结果分析

基于条件检验标准，采用正向逐步选择法（forward stepwise）进行模型估计。根据王济川和郭志刚（2001）[136]的研究，采用以下四步进行估计过程检验和模型诊断。第一、进行全局检验，针对每个步骤均进行了步骤（Step）、块（Block）、模型（Model）的卡方检验，每个检验都表现显著。第二，通过模型估计过程中对数似然值、Snell R 方和 Nagelkerke R 方两种决定系数的变化判断模型估计是否正常。整个模型估计过程为 8 个步骤（Step）。从步骤 1 到步骤 8，对数似然值始终保持下降趋势。Cox & Snell R 方和 Nagelkerke R 方两种决定系数也都有上升。因此可以判断整个估计过程符合相关理论。第三、采用移去项规则建模，以进一步验证模型所包括的自变量是否符合有关计量经济学理论。检验表明，假设将自变量单独移出方程，方程的改变均有统计学意义，因此，表中所保留的自变量均应该保留在方程中。同时，假设将被排除在方程中的变量进入方程，方程的改变均没有统计学意义，因此，是否引入并不会影响方程的解释力。第四、对自变量筛选过程中的迭代历史记录进行观察，发现无论是似然值，还是系数值，均是从迭代一开始就朝着同一方向发展，最终达到收敛，这说明整个迭代过程是健康的，没有问题①。

从表 5-10 可以看出，背景风险因素中收入风险、流动性约束与能否获得民间借贷无显著关系，但与向银行类金融机构借款难易程度显著负相关，即收入风险和流动性约束越大，获得银行类金融机构借款越为困难。健康风险与家庭农场获得民间借贷的概率显著负相关，但与获得银行类金融机构借款难易程度无显著关系。

家庭农场特征中，无论是民间借贷，还是银行类机构借贷，家庭农场所处地域虚拟变量系数均显著为正。经营规模在两类回归中一次项与二次项系数均显著。不过系数符号正好相反。民间借贷回归中，一次项系数为正，二次项系数为负。而银行类机构回归中，一次项系数为负，二次项系数为正。经营状况、金融素养与家庭农场民间借贷获得概率无显著关系，但显著影响银行类机构借贷的难易程度。

家庭规模和结构因素显著影响家庭农场的民间借贷概率，但对银行类机

① 考虑到版面要求，具体结果并没有列出，如有需要，可以联系作者获取。

构借贷难易程度没有显著影响。情绪特征因子在两类借贷回归中均不显著。年龄与教育因素中，年龄的一次项和二次项在两类回归中均表现显著，但系数符号同样正好相反。在民间借贷中，一次项系数为负，二次项系数为正；而在银行类机构借贷中，一次项系数为正，二次项系数为负。受教育程度与家庭农场获得民间借贷的概率无显著关系，但与银行类机构借贷难易程度呈现显著正相关。

表 5-10 借贷渠道回归结果

变量	民间借贷				银行借贷			
	B	标准误差	瓦尔德	显著程度	B	标准误差	t 值	显著程度
inc_risk	—	—	—	—	-0.043	0.025	-1.694	*
health	-1.818	0.774	5.522	* *	—	—	—	—
liquidi	—	—	—	—	-0.953	0.022	-2.264	*
region	1.463	0.807	5.125	* *	0.144	0.055	2.621	*
scale	0.813	1.238	4.431	*	-0.045	0.035	-1.624	*
Scale2	-0.997	1.048	4.773	*	0.054	0.026	1.512	*
manage	—	—	—	—	0.093	0.037	2.535	* *
konwled	—	—	—	—	0.071	0.045	2.694	* *
wealth	6.939	4.160	2.782	*	-0.150	0.025	-2.058	*
Wealth2	-8.160	3.882	4.418	*	0.142	0.034	2.534	*
income	—	—	—	—	—	—	—	—
house	8.314	4.822	3.453	*	-0.060	0.035	-1.697	*
House2	-9.893	4.704	4.424	*	0.073	0.041	1.926	*
human	1.115	0.668	2.784	*	—	—	—	—
struc	1.404	0.592	5.619	* *	—	—	—	—
satisfa	—	—	—	—	—	—	—	—
aversion	—	—	—	—	—	—	—	—
age	-1.815	0.745	5.929	* *	0.142	0.053	1.534	*
Age2	1.387	0.566	5.994	* *	-0.126	0.061	-2.442	*
edu	—	—	—	—	0.432	0.049	2.577	* *
常量	2.825	1.264	3.203	—	1.049	0.449	0.533	—

注：*、* *、* * *分别表示在 10%、5%、1% 水平下显著。

根据以上实证结果，我们做出以下分析：

①家庭农场所处地域系数在两类回归中均显著为正。表明处于上海的家庭农场，较江西家庭农场，不管是在民间借贷方面，还是银行类正规金融机构借贷方面，都更容易获取所需求的资金。我们认为，这可能是基于以下几个原因：其一、上海农村正规金融体系比江西更加成熟，农村金融机构和金融产品等更为丰富和多样化；其二、上海的经济更为发达，民间资金更为宽裕；其三、上海民间借贷相对江西来说，应该更为规范，发展更为成熟。

②经营规模、财富净值与房产市场的一次项和二次项在两类回归中均表现显著。对于民间借贷，三个变量的一次项系数为正，二次项系数为负。而对于银行类机构借贷，一次系数为负，二次项系数为正。这表明，当经营规模、财富净值、房产市值由低水平增长时，家庭农场获得民间借贷的概率增加，而银行类机构正规借贷的困难程度会有所增加。但当三个变量增长一定水平时，情况发生变化，家庭农场获得民间借贷的概率随着变量水平的增加而开始下降，从银行类正规金融机构借贷随着变量水平的增加而变得更为容易。如何来解释这种回归结果所蕴涵的经济意义呢？我们认为，当家庭农场经营规模、财富净值和房产市值处于一个低水平时，很难获得注重规模和“硬条件”的银行类正规金融机构的贷款，因此，当有资金需求时，只能求助于民间借贷渠道。对于那些从银行类正规金融机构贷款困难，而只能依靠于民间借贷的小规模及资产少的家庭农场来说，其经营规模、财富净值和房产市值增加，将有助于其获得民间借贷。不过，当家庭农场经营规模、财富净值和房产市值达到一个较高水平时，获得银行类正规金融机构贷款的难度会有所下降。相比于民间借贷而言，此时家庭农场更愿意选择银行类机构，并且，随着规模和资产价值增加，获取银行类机构贷款会变得更为容易。

③年龄的一次项和二次项也同样在两类回归中表现显著。在民间借贷回归，一次项系数为负，二次项系数为正。在银行类机构借贷回归中，一次项系数为正，二次项系数为负。这表明，当家庭农场主处于中年或壮年时，更为容易获得银行类机构借款。这很符合银行贷款偏好，相比于青年和老年，银行类正规金融机构更偏向于处于中年阶段的借款人。由于青年和老年农场主较难从银行类正规金融机构取得贷款，当他们有资金需求时，更多求助于民间借贷渠道，这导致这类家庭农场更多地通过民间借贷来获取外源资金。

④整体来看，民间借贷和银行类机构正规借贷审批侧重点有所不同。银行类机构是否对外出借资金更看重客户的收入风险、流动性约束、经营状

况、经营规模、财产净值、房产价值、年龄以及受教育程度等更容易定量评估的条件，也即“硬条件”。这和我们调研过程中发现的银行类机构对外贷款审批关注点是比较一致的。他们更看重家庭农场的经营规模、资产实力及现金流等指标。贷款通常要有高于贷款额度的抵押物，较少关注家庭农场的“软条件”，也基本不做“纯信用贷款”①。而对于民间借贷而言，除由于经营规模过小，资产实力较弱，年龄不占优势，导致很难获取银行类正规金融机构贷款，不得不转而求助民间借贷外，民间借贷能力的提高在很大程度上与家庭农场“软条件”的优化有关。最为典型的就是家庭农场的健康状况、家庭人口及结构。健康状况越好，其获取民间借贷的概率越高。而家庭人口和结构层次越多，通常意味着家庭农场拥有较多社会关系，民间借贷选择对象更多，民间借贷能力相对更强。

① 纯信用贷款，与现有银行所说的信用贷款不同，现有银行的信用贷款，尽管并不需要做抵押手续，但在审核是否发放贷款时，其重点关注的仍是申请者所拥有的财富、经营的规模等硬条件。对申请者软实力的关注并非重点。而纯信用贷款，则指从审核贷款是否发放开始，就主要关注申请者的软实力。

6　服务需求之风险金融资产投资

6.1　变量定义

本书将家庭农场风险金融资产投资概率 invest 作为被解释变量，其中风险金融资产包括股票、债券、基金、理财产品、期货等金融衍生产品。根据本次调查，14.71%的家庭农场持有风险金融资产，其中理财产品占大多数。本书用家庭农场是否正在进行上述风险金融资产投资反映被解释变量，至少持有一项投资定义为“1”，没有持有定义为“0”。解释变量（影响因素）分别为背景风险、家庭农场特征和控制变量，具体定义见表6-1。

表 6-1　变量定义

<table>
<tr><th colspan="2">分类</th><th>变量</th><th>定义</th></tr>
<tr><td rowspan="5">背景风险</td><td>收入风险</td><td>收入种类越多，风险越小（第 15 题）</td><td>具有农场收入、工资收入和财产性收入=1，具有农场收入、工资收入或财产性收入=2，仅有农场收入=3</td></tr>
<tr><td rowspan="2">健康和保险状况</td><td>健康状况（第 8、9 题）</td><td>非常差=1，较差=2、一般=3、较好=4、非常好=5</td></tr>
<tr><td>是否购买农村社保或农村医保（第 4 题）</td><td>购买两种=2，购买一种=1，都不购买=0</td></tr>
<tr><td>房产投资</td><td>自有房产占比（第 12、13 题）</td><td>介于 0~1
用房产估值的中间值/总资产估值的中间值</td></tr>
<tr><td>流动性约束</td><td>向银行类金融机构借款难易程度（第 25 题）</td><td>非常容易=1，较容易=2，一般=3，较困难=4，非常困难=5</td></tr>
</table>

续表

分类		变量	定义
家庭农场特征	农场地域（第 2 题）		位于上海 =0，位于江西 =1
	经营规模（第 20 题）		20～50 亩 =1，50～100 亩 =2，100～150 亩 =3，150～200 亩 =4，200 亩以上 =5
	经营状况（第 23 题）		非常差 =1，较差 =2、一般 =3、较好 =4、非常好 =5
	金融素养（第 34、35、39 题）		按照实际得分，介于 0～9 的整数 累计加分：第 34 题中非常了解金融产品 +2，了解 +1，不了解 +0；第 35、39 题中每参加/接受过一个单位的金融产品宣传/指导的各 +1，没有参加 +0；第 35 题最高 +4，第 39 题最高 +3
控制变量	人口统计特征	性别（第 1 题）	女性 =0，男性 =1
		年龄（第 1 题）	<35 =1，35～45 =2，45～55 =3，55～65 =4，≥65 =5
		文化程度（第 3 题）	小学以下 =1，小学 =2，初中 =3，中专 =4，高中 =5，大专 =6，本科及以上 =7
	资产特征	家庭财富净值（第 13、14 题）	0～25 万 =1，25 万～50 万 =2，50 万～75 万 =3，75 万～100 万 =4，100 万～125 万 =5，125 万～150 万 =6，150 万～175 万 =7，175 万～200 万 =8，200 万以上 =9 问题 13 总资产的中间值 – 问题 14 总负债的中间值
	收入特征	家庭年均收入（第 16 题）	0～5 万 =1，5 万～10 万 =2，10 万～15 万 =3，15 万～20 万 =4，20 万～30 万 =5，30 万～50 万 =6，50 万～100 万 =7，100 万～150 万 =8，150 万以上 =9

续表

分类		变量	定义
控制变量	风险态度	绝对风险厌恶系数（第5题）	$A_i(W_i)*1000 \approx -1000u_i''(W_i)/u_i'(W_i) = 2000E(Y_i)/E(Y_i)^2 = 2000(2500-2P_i)/[(2500-P_i)^2+P_i^2]$
	家庭财富情绪特征	当前财富满意与否（第18题）	不满意=0，满意=1

需要指出，本书参照 Guiso 和 Paiella（2008）[137]的方法，通过问题“假如让您在一个装有 100 个球（50 个红球，50 个黑球）的罐子里随意取出一个球，若是红球您可获得 2500 元，若是黑球您一无所得。您最多愿意花多少钱参与?”来计算风险态度变量。设农场主的投入为 P_i，农场主有一半的概率获得 2500 元，一半的概率获得 0 元，基于期望效应最大化的原理，构建方程：

$$u_i(W_i) = Eu_i(W_i + Y_i)$$

其中 $Y_i = \begin{cases} 2500 - P_i, & \text{prob} = 0.5 \\ -P_i, & \text{prob} = 0.5 \end{cases}$。将 $Eu_i(W_i + Y_i)$ 在 W_i 附近进行二阶泰勒展开有

$$Eu_i(W_i + Y_i) \approx u_i(W_i) + u_i'(W_i)E(Y_i) + 1/2u_i''(W_i)E(Y_i)^2$$

根据这两个方程可知，绝对风险厌恶系数 $A_i(W_i)$ 可以表达为

$$A_i(W_i) \approx -u_i''(W_i)/u_i'(W_i) = 2E(Y_i)/E(Y_i)^2$$
$$= 2(2500 - 2P_i)/[(2500 - P_i)^2 + P_i^2]。$$

显然，$\partial A_i(W_i)/\partial P_i < 0$，这表明农场主投入得越多，其绝对风险厌恶程度越低。

6.2 研究假设

①背景风险。根据关于背景风险的文献综述，提出假设 1：由于家庭农场收入风险与风险金融资产市场风险相互独立，收入风险会抑制家庭农场的风险金融资产投资行为；假设 2：健康风险会降低风险金融资产市场的参与行为，参加新农合和新农保并不能提高家庭农场持有风险金融资产的可能性

和比重；假设3：考虑到中国家庭，特别是农村家庭利用房产进行抵押融资的意识及实践均不明显，房产的流动性正效应较弱，另外，本次调研数据显示，房产在家庭农场总资产中的占比高达79.75%（和中国现阶段国情比较吻合），这导致大量的资金或财富被房产所占用，我们判断，挤出效应明显，故假设房产投资占比与家庭农场风险金融投资行为呈反向关系；假设4：流动性约束会抑制家庭农场参与风险金融资产投资。

②家庭农场特征。金融服务的可得性在不少地方还是个问题，地方金融机构急需解决各级地方、各类人群金融服务的可得性问题（杜金富，2012[138]）。尹志超等（2015）[139]分别采用家庭所居住的小区银行数量、每万人银行数量、每万人证券营业部数量以及每万人ATM机数量来度量家庭的金融可得性，他们的研究发现，金融可得性的提高会促进家庭风险金融资产的配置行为。分城乡来看，家庭金融可得性的提高，对农村地区家庭风险金融资产投资的影响要高于城市地区。分区域来看，金融可得性对中西部地区家庭参与风险金融资产市场的影响要大于东部地区。这表明，在金融可得性较低的地区，金融可得性对家庭风险金融资产配置的边际影响更大。此外，不同地区在制度环境上存在差异，一个地区的制度环境越开放、越健全，对居民参与到金融市场投资的促进作用就越明显（廖婧琳和王聪，2017[140]）。相比于江西，上海在金融服务的可得性和便利性方面要更好，制度环境更为开放和健全。因此，提出假设5：处于上海地区的家庭农场，其风险金融资产配置的可能性和比例要大于江西地区的家庭农场。

家庭农场的经营规模首先体现在经营的土地规模上，其次是相对应的经营性资产，最后是农产品收成。经营规模的大小会带来两种效应，一是经营规模越大，家庭农场的土地规模、经营性资产以及农产品收成也越多。可以用做贷款的抵押品价值也会越高，这有利于家庭农场流动性的改善，从而促进其风险金融资产的持有。于丽红等（2015）[141]和杜宇能等（2017）[142]发现，土地经营规模越大，农户越有可能获得信贷。这意味着较大经营规模的家庭农场更容易获取外源资金，继而具备进行风险投资的经济基础。二是经营规模越大，在一定程度上家庭农场各项投入与开支也不断增加。这将挤占可以用做其他用途的资金和财富，抑制家庭农场风险金融资产的投资。两种效应，一正一反，净效应并不确定。由此，我们有假设6：家庭农场的经营规模与其风险金融资产配置行为之间的关系并不明确。

良好的经营状况不仅反映了经营者较高的管理能力，还给中小企业带来了较高的商业信用（左月华等，2015[128]），积极促进了企业的发展（吕劲松，2015[129]）。家庭农场经营状况好会产生财富效应和流动性效应。财富效应是指经营状况好的家庭农场，收入高，效益好，财富积累易形成，从而促进风险金融资产的持有行为。流动性效应是指家庭农场经营状况好，会建立较高的声誉，同时，由于财富的积累，可用以抵押的资产增多，流动性管理能力提升，有利于风险金融资产市场的参与行为。由此，提出假设7：经营状况好的家庭农场，参与风险金融市场的可能性更大，比重更高。

2007年次贷危机以来，居民金融素养的重要性越来越被各国所认知，学者们开始关注金融素养对居民家庭金融行为的影响（吴卫星等，2018[143]）。金融素养是做出合理金融决策并最终实现金融福利的必要意识、知识、技术、态度和行为的结合。知识是个人理解金融问题的能力，技术则是日常生活中应用金融知识的能力，而态度和行为涉及做出合理金融决策的信心。一般认为，金融素养会影响居民家庭的金融行为，金融素养越好的家庭更可能参与金融市场和持有股票（Bertaut，1998[88]；Yoong，2010[144]；von Rooij 等，2011[145]；Agnew 等，2013[146]；Christelis 等，2013[147]；尹志超等，2014[148]；胡振和臧日宏，2016[149]；吴锟和吴卫星，2017[150]）。Guiso 和 Jappelli（2008）[151]、曾志耕等（2015）[152]发现，金融素养高的家庭更善于利用金融市场规避风险。Lusardi 和 Mitchell（2007）[153]发现，金融素养高的家庭积累的财富要高于金融素养低的家庭。与一般文献定义的居民金融素养有所差异的是，本书基于农场主对涉农金融产品的了解状态构建家庭农场的金融素养变量，并视其为家庭农场特征因素。基于理论和相关文献，提出假设8：金融素养越高的家庭农场，其风险金融资产市场参与行为更为积极。

③控制变量。学者们一般引用人口统计学和财富特征作为控制变量，探究家庭（或居民个人）的风险金融资产投资的行为。财富特征包括总资产、净资产、年收入、人均收入、工资性收入等客观性变量。张兵和赵雪蕊（2015）[66]指出家庭风险资产配置中存在显著的财富效应和收入效应。当财富增多，收入提高时，家庭更有可能持有风险金融资产。不过，刘松涛等（2017）[154]认为，对家庭经济状况评价的提高会显著增加家庭风险金融资产投资行为发生的概率。行为金融理论也认为，人们的主观心理特征会对投资决策产生系统性影响。例如：Shleifer（2000）[155]发现天气会影响投资者的情绪，进而对其当天的股票投资产生显著影响；Hermalin 和 Isen

(2008)[156]指出，人们的储蓄和投资决定部分取决于幸福感对消费的边际效用的影响；Guven (2012)[157]同样认为，在其他条件相同的情况下，幸福感强的人储蓄会更多；叶德珠等 (2014)[158]的研究进一步表明，幸福满意度与储蓄、保险等保守型投资产品以及捐赠支出显著正相关；臧日宏和王宇(2017)[159]则进一步指出，较高的社会信任水平能够提高家庭风险金融资产持有的比例。不同的家庭对客观财富和收入的认知度是不一致的。财富情绪特征能够从心理学角度衡量家庭对客观财富和收入的心理感知。假设9：家庭农场的财富情绪乐观度应该显著促进风险金融资产投资行为。

6.3 实证分析

6.3.1 多重共线性讨论

方法同上，具体计算结果列于表6-2。根据表6-2，所有自变量均满足非共线性的条件，共线性问题不会给本书的实证分析带来困扰。

表6-2 共线性检验

自变量	VIF	自变量	VIF	自变量	VIF	自变量	VIF
inc_risk	2.354	insur	1.494	konwled	1.718	wealth	5.686
house	1.620	region	3.759	male	1.243	income	2.422
liquidi	1.712	scale	1.530	age	1.941	attitu	1.372
health	1.280	manage	1.248	edu	1.847	satisfa	1.646

6.3.2 风险金融资产投资参与的 Logit 回归分析

由于被解释变量 *invest* 是 0－1 型二值变量，因此采用 Logit 模型——目前应用最为广泛的离散选择模型进行实证检验。Logit 回归分析经常被运用于影响因素分析，是研究个体决策行为的理想模型。具体模型为：

$$invest_i^* = \alpha_0 + \alpha_{1i}x_{1i} + \alpha_{2i}x_{2i} + \alpha_{3i}x_{3i} + \mu_i, \text{其中 } invest_i = I(invest_i^* > 0)$$

式6-1中，$invest_i^*$ 表示潜变量，$invest_i$ 表示家庭农场 i 是否持有风险金融资产的哑变量，I（·）是符号标示函数，括号内表达式成立取值为1，否则取值为0；x_{1i}为家庭农场 i 的背景风险变量，x_{2i}为家庭农场 i 的农场特征变量，x_{3i}为家庭农场 i 的控制变量；β_0 表示截距项，μ_i 表示独立同分布的随机误差项。

实证结果列于表 6-3。模型 1 包括除家庭财富情绪特征外的其他所有变量，模型 2 则在模型 1 的基础上加入了家庭财富情绪特征变量，试图探究影响家庭农场风险金融选择深度和广度的，究竟是家庭财富净值的经济事实，还是对家庭财富感知的情绪特征？鉴于风险金融资产投资存在一定的资金门槛，故分别将家庭财富净值低于 25 万元、家庭年均总收入低于 10 万元的样本剔除，得到样本量为 324 和 356 的子样本，分别设为模型 3 和模型 4；模型 5 将所有不显著变量剔除。鉴于有学者发现年龄及教育程度与风险金融资产市场的参与行为并非线性关系（Guiso 等，2000[160]；Mccarthy，2004[161]；何兴强等，2009[65]；李海荣，2016[78]；王聪等，2017[162]），本书在模型中加入年龄和教育程度的平方项。

在解释自变量的影响程度方面，回归系数并不能表示实际上的经济含义，故本书选择利用平均边际效应来反映。对于 Logit 模型，它表示自变量变换一单位，家庭农场风险投资概率的变化情况；对于 Tobit 模型，计算公式 $dE(y \mid x, y>0)/dx$，即给定风险投资大于 0 时，自变量变化一单位，家庭农场风险投资比重的变化情况。边际效应的标准差通过德尔塔方法计算。

（1）背景风险

①收入风险与家庭农场风险金融资产投资概率在 1% 水平下显著负相关。假设 1 得到验证。

②健康状况与家庭农场风险金融资产投资概率在 10% 水平下显著正相关。但新农合和新农保的参与对家庭农场风险金融资产投资概率影响并不显著。假设 2 得到验证。张敏学（2017）[163]基于医疗保险的视角，实证发现只有高水平的医疗保险（Goldman and Maestas，2013[68]）和城镇地区的医疗保险，才对家庭持有风险金融资产的可能性和比重有显著的正向影响。新农合的报销分为门诊报销、住院报销和大病报销三类。根据医疗机构的等级而不同，门诊报销的比例 20% 至 60% 不等，每次就诊各项检查费及手术费限额 10~50 元，处方药费限额 50~200 元。镇级合作医疗门诊报销限额每年 5000 元。住院报销的比例 30%~60%，大病报销比例则为 55%~75%。心脑电图、X 光透视、拍片、化验、理疗、针灸、CT、核磁共振等辅助检查项目，报销限额 200 元。手术费报销限额是 1000 元。60 岁以上老年人住

表 6-3 家庭农场风险金融资产投资概率的回归结果

变量	模型 1	模型 2	模型 3	模型 4	模型 5
inc_risk	-0.033 [0.009]***	-0.035 [0.009]***	-0.027 [0.011]**	-0.026 [0.011]**	-0.036 [0.009]***
house	-0.031 [0.010]***	-0.030 [0.010]***	-0.038 [0.013]***	-0.036 [0.013]***	-0.039 [0.012]***
liquidi	-0.010 [0.004]**	-0.010 [0.004]**	-0.011 [0.005]**	-0.010 [0.004]**	-0.012 [0.005]**
health	0.005 [0.003]*	0.005 [0.003]*	0.007 [0.004]*	0.007 [0.004]*	0.009 [0.005]*
insur	0.000 [0.000]	0.000 [0.000]	0.000 [0.000]	0.000 [0.000]	—
region	-0.003 [0.002]*	-0.003 [0.002]*	-0.002 [0.001]*	-0.002 [0.001]*	-0.004 [0.002]*
scale	0.000 [0.000]	0.000 [0.000]	0.000 [0.000]	0.000 [0.000]	—
manage	0.006 [0.003]*	0.005 [0.003]*	0.006 [0.003]*	0.005 [0.003]*	0.007 [0.004]*
knowled	0.013 [0.006]**	0.012 [0.005]**	0.013 [0.006]**	0.013 [0.006]**	0.012 [0.005]**
male	0.000 [0.000]	0.000 [0.000]	0.000 [0.000]	0.000 [0.000]	—
age	0.007 [0.004]*	0.006 [0.003]*	0.006 [0.003]*	0.006 [0.003]*	0.008 [0.004]*
edu	0.008 [0.004]*	0.008 [0.004]*	0.008 [0.004]*	0.008 [0.004]*	0.010 [0.005]*
wealth	0.003 [0.002]*	0.000 [0.000]	0.003 [0.006]	0.003 [0.006]	—
income	0.002 [0.001]*	0.000 [0.000]	0.002 [0.005]	0.002 [0.005]	—
attitu	-0.012 [0.005]**	-0.012 [0.005]**	-0.013 [0.006]**	-0.013 [0.006]**	-0.013 [0.006]**
satisfa	—	0.007 [0.004]*	0.007 [0.004]*	0.007 [0.004]*	0.008 [0.004]*
age^2	-0.000 [0.000]*	-0.000 [0.000]*	-0.000 [0.000]*	-0.000 [0.000]*	-0.000 [0.000]*
edu^2	-0.000 [0.000]*	-0.000 [0.000]*	-0.000 [0.000]*	-0.000 [0.000]*	-0.000 [0.000]*
观测值	408	408	324	356	408
Wald 检验	219.71***	335.18***	326.33***	331.76***	189.46***
伪 R^2	0.045	0.101	0.089	0.093	0.038

注：1. 表中显示的是平均边际效应的计算结果；2. 括号内的数值是由德尔塔方法计算出的标准差；3. *、**、***分别表示在 10%、5%、1% 水平下显著。

院治疗费及护理费每天报销 10 元，报销限额是 200 元。新农保的养老金待遇分为两个部分，即基础养老金和个人账户养老金，计算公式为“月养老金待遇 = 基础养老金（70 元）+ 个人账户总额（个人缴费总额 + 财政补贴 + 银行利息）÷139”。比如，一个人从 45 岁开始缴纳新农保，每年缴费 500 元，这样就是 70 +（500 ×15 +60 ×15 + 银行利息）÷139≈135 元。

根据新农合和新农保的具体规则，可以发现，新农合报销限额和比例偏小，新农保养老保险金过少。不管是新农保，还是新农合，尽管大力推动了农村的养老和医疗保险的发展，对农村和农户都意义重大，仍然不足以给农村家庭提供足够的医疗和养老保障。农村家庭养老问题及因病致贫问题可能依然是萦绕在农户心中的两大难题，从而导致持有新农合和新农保并不足以影响家庭农场风险金融资产的持有行为决策。

房产投资与家庭农场风险金融资产投资概率显著负相关。假设 3 得到验证。自 1998 年住房制度市场化以来，中国房产价格一直处于稳步上升的趋势中，虽然期间有某些阶段房产价格出现过短暂的下调，但总体而言，房产在国人心中，很少被认为是风险资产，反而更多地被视为可保值增值的最理想资产种类。因此，替代效应在中国现阶段很小。根据我们的调研，利用房产进行抵押贷款的家庭农场较少（只占样本数的 6.6%），家庭农场房产的抵押贷款功能发挥得并不好。房产抵押功能的流动性正效应有限。究其原因，一是我国的住房抵押贷款市场竞争并不激烈，银行仍然在挑优质客户；二是目前银行办理住房抵押贷款手续繁杂，评估价与市场价相差过大，抵押率很低。第三点，也是最重要的一点，家庭农场所拥有的房产，大部分是宅基地房产。2015 年，国务院发布国发〔2015〕45 号文，提出要开展农民住房财产权抵押贷款试点。2016 年中央一号文件中也提出稳妥有序推进农民住房财产权抵押贷款试点。2016 年正式推出试点，不过，本书调研地点并不在试点范围内。也就是说，调研所在地的宅基地房产仍然不能用作抵押贷款。因此，房产投资与家庭农场风险金融资产投资的负相关关系主要是由房产投资的流动性负效应和挤出效应所导致。

流动性约束与家庭农场风险金融资产投资概率显著负相关。流动性约束越大，家庭农场风险投资概率越低，假设 4 得到验证。

（2）家庭农场特征

①上海地区的家庭农场风险金融资产的投资概率比江西地区平均要高出 0.35% 左右，尽管边际效应不大，但影响却是显著的。假设 5 得到验证。

②家庭农场的经营规模对其风险投资概率没有显著影响。假设 6 得到验证。2013 年 7 月，习近平总书记明确提出，深化农村改革，完善农村基本经营制度，要好好研究农村土地所有权、承包权、经营权三者之间的关系。“三权分置”是重大的改革创新，内涵丰富。概括地讲“三权分置”是指农村的土地集体所有权、农户的承包权、土地的经营权这“三权”分置并行。在承包与经营两权分离之后，承包权更多表现为占有、处置权，以及在此基础上衍生出的多重权益，典型的如继承权、退出权等，相应的经营权更多表现为耕作、经营、收益以及其他衍生的多重权益，如入股权、抵押权等。经营权独立之后，可以在不影响土地承包权及其收益的前提下，以土地经营权来设定抵押，为农业发展提供金融支持。2015 年，国务院提出要开展农场承包土地的经营权抵押贷款试点。不过，由于政策尚处在试点和完善阶段，经营权抵押贷款还有很大的上升空间。根据我们调研所得数据，仅有 2. 83% 的家庭农场采用经营权进行抵押获取贷款。本书认为，随着经营权抵押贷款政策的推广和完善，经营规模的扩大总体上会有利于家庭农场资产流动性管理的增强，从而促进风险金融资产市场的参与行为。

③家庭农场的经营状况会显著提高风险金融资产参与可能性。假设 7 得到验证。

④金融素养对家庭农场风险金融资产投资参与可能性有显著正影响。假设 8 得到验证。

（3）控制变量

①从表 6-3 可以发现，当不加入财富情绪变量时（见模型 1），家庭农场财富净值变量及年均收入变量显著影响风险金融资产投资参与概率。这与很多研究结论相一致。资产与收入均是投资主体的客观财富表现，在其风险资产配置中存在显著的财富效应（魏先华等，2014[164]）。众多学者认为，随着资产或收入的增加，居民和家庭越有可能参与到风险投资当中（陈其进和陈华，2014[165]；张兵和赵雪蕊，2015[66]；宋炜和蔡明超，2016[166]）。不过，当在模型中加入财富情绪变量时，我们发现，家庭农场财富净值变量和年均收入变量变得不显著，而财富情绪特征变得显著（模型 2）。对此，我们的解释是，家庭农场财富净值和年均收入确实会正向影响风险金融资产投资参与的可能性，但其影响渠道更可能是通过影响家庭农场财富情绪，进而影响风险金融资产投资决策行为。行为金融学认为，情绪是影响金融市场决策的关键要素。所有事实，包括价格、风险、财富等最后都要通过投资者

的认知和判断，形成投资者的情绪，这些情绪，或许是理性的、也可能是非理性的，更多的是二者兼而有之。继而，投资者受情绪驱动，做出金融市场的相关决策。假设9由此得到验证。

②至于其他控制变量，本书有以下发现：农场主性别与家庭农场风险金融资产投资概率没有显著关系，而年龄和文化程度均显著影响家庭农场风险投资概率，但年龄和文化程度的二次项均不显著。随着农场主年龄的增加或是文化程度的提高，家庭农场参与风险投资概率会上升。年龄越大，经验历练见识相对较多，家庭财富也会相对有积累，而文化程度越高，了解和接受新生事物的能力较强，视野相对也较宽，也更有意愿参与和尝试各种新生事物。这些都会导致风险金融资产投资参与的可能性提高。风险厌恶程度与家庭农场风险金融资产投资概率显著负相关。根据表3，绝对风险厌恶系数越大，家庭农场进行风险金融资产投资的概率越小，该结论符合大多数学者的研究（Barasinska，2012[86]；李玮，2015[73]；张兵和赵雪蕊，2015[66]；胡振和臧日宏，2016[149]）。

6.3.3 风险金融资产投资比重的Tobit回归分析

接下来以“家庭农场风险金融资产投资比重pro”为因变量，运用Tobit模型展开进一步的讨论。其中“家庭农场风险金融资产投资比重pro”由风险投资数量与家庭总资产的比值表示，取值为0～1，最小值为0；自变量的选取同上。pro_i^* 为潜变量，pro_i 为家庭农场 i 持有风险金融资产的比重，具体模型为：$pro_i = max\{0, pro_i^*\}$，其中

$$pro_i^* = \beta_0 + \beta_{1i}z_{1i} + \beta_{2i}z_{2i} + \beta_{3i}z_{3i} + \varepsilon_i$$

实证结果列于表6-4。由实证结果可以看出，背景风险中，收入风险、房产投资占比、流动性约束和健康状况都会显著降低家庭农场风险金融资产的参与深度；家庭农场特征中，经营状况和金融素养则会显著提高家庭农场风险金融资产持有的比重；控制变量中，家庭财富情绪越乐观，家庭农场参与风险金融资产市场的深度会得到提高。

需要特别指出的是，第一，与风险金融资产投资概率相比较，家庭财富情绪特征变量在1%水平下显著影响家庭农场的风险投资比重，且其对投资比重的平均边际效应要远远大于投资概率，而风险态度变量与家庭农场风险投资比重无显著关系，这表明家庭农场在进行一个完整的风险投资时，风险态度和财富情绪对“是否要投资风险金融资产”的决策均有显著影响，但

表 6-4 家庭农场风险金融资产投资比重的回归结果

变量	模型 1	模型 2	模型 3	模型 4	模型 5
inc_risk	−0.566 [0.233]**	−0.552 [0.239]**	−0.580 [0.228]**	−0.575 [0.230]**	−0.584 [0.225]**
house	−3.529 [0.491]***	−3.447 [0.407]***	−3.402 [0.499]***	−3.435 [0.414]***	−3.241 [0.393]***
liquidi	−0.883 [0.462]*	−0.870 [0.473]*	−0.875 [0.469]*	−0.876 [0.469]*	−0.868 [0.474]*
health	0.680 [0.377]*	0.682 [0.376]*	0.681 [0.377]*	0.682 [0.376]*	0.711 [0.368]*
insur	−0.761 [0.401]*	−0.758 [0.406]*	−0.759 [0.406]*	−0.758 [0.406]*	−0.762 [0.401]*
region	0.228 [0.126]*	0.226 [0.127]*	0.227 [0.126]*	0.227 [0.126]*	0.233 [0.122]*
scale	0.028 [0.058]	0.027 [0.059]	0.023 [0.070]	0.024 [0.069]	—
manage	3.350 [0.165]***	3.347 [0.167]***	3.285 [0.210]***	3.279 [0.217]***	3.252 [0.226]***
knowled	2.026 [0.937]**	2.024 [0.937]**	2.022 [0.938]**	2.023 [0.938]**	2.025 [0.937]**
male	0.144 [0.226]	0.139 [0.235]	0.137 [0.236]	0.141 [0.229]	—
age	1.726 [0.708]**	1.723 [0.710]**	1.719 [0.729]**	1.719 [0.729]**	1.733 [0.703]**
edu	1.156 [0.613]*	1.152 [0.615]*	1.248 [0.622]*	1.247 [0.622]*	1.157 [0.613]*
wealth	0.170 [0.095]*	0.166 [0.213]	0.164 [0.217]	0.163 [0.218]	—
income	0.158 [0.090]*	0.155 [0.187]	0.153 [0.188]	0.154 [0.188]	—
attitu	−0.200 [0.150]	−0.195 [0.161]	−0.184 [0.175]	−0.177 [0.188]	—
satisfa	—	4.287 [0.627]***	4.284 [0.626]***	4.283 [0.626]***	4.293 [0.621]***
age^2	−1.184 [0.615]**	−1.176 [0.623]**	−1.173 [0.625]**	−1.172 [0.625]**	−1.188 [0.614]**
edu^2	−1.030 [0.586]**	−1.034 [0.583]**	−1.035 [0.583]**	−1.035 [0.583]**	−1.033 [0.582]**
观测值	408	408	324	356	408
Wald 检验	219.33***	334.78***	328.64***	330.27***	192.36***
伪 R^2	0.029	0.056	0.049	0.051	0.027

注：1. 表中显示的是平均边际效应的计算结果；2. 括号内的数值是由德尔塔方法计算出的标准差；3. *、**、***分别表示在 10%、5%、1% 水平下显著。

一旦决定投资风险金融资产后，风险态度便不再显著，“投资多少?”主要受家庭农场对财富和收入的主观认知所影响。第二，保险状况与家庭农场风险资产投资比重显著负相关，意味着保险支出对风险投资具有挤出效应，购买保险的家庭农场的风险投资比重比没有保险的家庭农场要低0.76%左右。根据新农合相关政策，农民个人缴费标准原则上达到全国平均水平180元左右。而新农保缴费标准目前设为每年100元、200元、300元、400元、500元、600元、800元、1000元8个档次，参保人可自主选择档次缴费，多缴多得。虽说单人缴费标准不高，但一个家庭平均人口在4~6人，总费用相对家庭农场净收入来讲，也是一笔不小的开支。第三，农场地域系数表3显著为负，变为表4显著为正。这说明尽管上海地区家庭农场的风险投资概率高于江西地区，但其风险投资比重却较低。可能的原因是，一方面，上海投资渠道和投资品类要多于江西，风险金融资产在整体财富中所占的比重相对要低于江西；另一方面，上海地区的家庭农场不论规模还是效益，都普遍优于江西地区，这说明上海地区更专注于家庭农场的发展，其资金可能更多的是投入于家庭农场当中；最后，上海的房产价格远远超过江西，根据我们的调研，上海家庭农场房产占比远远高于江西，这导致上海家庭农场的房产投资对风险金融资产投资的挤出效应要高于江西。第四，年龄二次项和文化程度二次项的边际效应系数显著为负。这表明年龄、文化程度和风险金融资产投资比重的关系均为倒“U”形。即当年龄和文化程度增加时，不管是经验、阅历、财富积累、视野，还是对投资渠道投资品类解读能力等方面的成长，都有导致家庭农场增加其风险金融资产的持有比重。不过，当年龄到某一定阶段时，理财追求的目标也会由相对激进转为相对保守，而文化程度高到一定程度时，一般来讲，会变得更为理性，这些均会导致家庭农场持有的风险金融资产占比下降。

6.4 稳健性检验

为了确保上述实证结果的可靠性，本书将从以下三个方面展开进一步检验：(1) 风险态度变量是参照 Guiso 和 Paiella (2008)[137] 方法进行构造的，主要是通过一个统计概率问题来获取调研对象的信息。本书的调研对象为家庭农场主，基于他们的知识面和理解力，会比较担心调研所得信息的信度和效度问题。因此，本书利用家庭农场主对问题“如果您有一笔资产，您会选择下列哪种投资项目”的回答，用风险厌恶程度 aversion 替换 attitu 进行模型的稳健性检验。具体把 aversion 划分为五个等级，数值越大风险厌恶程度越高，即高风险高回报项目赋值为 1，略高风险略高回报项目赋值为 2，平均风险平均回报项目赋值为 3，略低风险略低回报项目赋值为 4，无风险项目赋值为 5；（2）流动性约束是本研究重要的变量之一，不仅单独作为背景风险的一类，还涉及背景风险房产投资占比及家庭农场特征经营规模影响风险金融资产投资行为的机制。因此，本书对流动性约束变量进行稳健性检验。用偿债压力 pressure 替换向银行借款难易程度 liquidi，没有负债取值 0，非常轻松取值 1，比较轻松取值 2，程度一般取值 3，比较困难取值 4，非常困难取值 5；（3）由于家庭农场经营状况尚未在风险金融资产投资的研究中得到考虑，出于谨慎性原则，本书对该变量进行稳健性检验。用家庭农场的预期收入 inc_exp 替换经营状况 manage，具体把 inc_exp 分成四个等级，预期收入下降取值 0，预期收入平稳取值 1，预期收入上升取值 2，预期收入大幅上升取值 3。检验结果与前述结论基本一致①。

6.5 内生性讨论

针对回归结果可能存在的内生性问题，我们从以下三方面进行分析。

首先是遗漏变量问题。由于我们的模型是基于很多关于家庭或居民风险金融资产选择行为的研究文献而设定的。除了常规的背景风险变量和控制变量外，我们还就本书特定的研究对象家庭农场设定了相应的家庭农场特征变量。除此之外，相较于其他文献，本书在家庭农场特征变量中，加入了金融素养变量。在控制变量中还另外引入了财富情绪变量。因此，本书的遗漏变量问题应该不存在较大问题。

其次是测量误差问题，本书针对背景风险变量风险厌恶度、流动性约束及家庭农场特征变量经营状况，从不同的角度进行了度量，然后在稳健性检验部分进行回归，回归结果和原来基本上一致。这在一定程度上说明，测量误差在本书中并不严重。

最后是因变量和自变量的反向因果问题。根据有关理论和文献判断，背景风险中，收入风险、房产占比、流动性约束、保险参与；家庭农场特征变

① 由于篇幅所限，稳健性检验结果未给出。如有需要，可向作者索取。

量中，金融素养；控制变量中财富净值、家庭年均收入共七个自变量与因变量存在疑似反向因果关系。选取工具变量进行两阶段估计。参照尹志超等（2015）[139]、张号栋和尹志超（2016）[167]的做法，选取处在同一村小组的其他家庭农场的各变量平均值作为工具变量。首先，分别对七个自变量做第一阶段估计。F 检验值均大于 10，弱工具变量检验通过；其次，在进行第二阶段估计时，将第一阶段估计中得出的七个回归残差同时置入回归方程进行回归。对排除约束“七个回归残差回归系数同时为零”的原假设进行 F 检验。检验结果显著，拒绝原假设，表明七个疑似内生自变量中，至少有一个是内生变量；最后，进行第二阶段估计，将第一阶段估计得出的七个自变量估计值作为工具变量，进行模型估计。结果显示与原结论基本一致①。

① 由于篇幅所限，工具变量 2SLS 估计结果未给出。如有需要，可向作者索取。

7　服务需求之农业保险

农业保险作为一项重要的农业风险管理工具，在稳定我国农业生产、顺利实现农业现代化方面具有重要意义。根据调查，59.81%的样本家庭农场对农业保险有需求。而在无农保需求的40.19%的样本家庭农场中，有12.74%是因为不清楚农业保险。所以，为加强家庭农场的风险防控能力，有必要探究其农业保险需求的影响因素。

7.1　变量定义

对于家庭农场的农业保险需求，本书根据问题“您对农业保险的需求意愿是”确定被解释变量农业保险需求程度 insurance，不清楚农业保险取值1，需求不强烈取值2，比较强烈取值3，非常强烈取值4。调查显示，59.81%的样本家庭农场对农业保险有需求，同时有12.74%的农场主不清楚农业保险。解释变量则与文中第六部分一致，详见表6-1。

7.2　研究假设

针对背景风险、家庭农场特征和控制变量这三类影响因素，提出以下假设：

假设1：在反映背景风险的变量中，收入风险和社保、医保购买情况正向影响农场主对农业保险的需求程度，房产投资、流动性约束和健康状况负向影响农业保险需求程度。

收入风险反映了家庭农场收入的不确定性，收入风险越大，即仅持有来自农场的收入，则农场主对家庭农场的经营更为重视，故更需要农业保险。而购买新农合或新农保不仅可以在一定程度上减轻农场主的生活负担，还意味着农场主对保险的信赖，所以对农业保险的需求程度相对更高（聂荣等，2013[168]）。

房产投资、流动性约束、健康状况对家庭农场主购买农业保险具有挤出效应，房产占比越高，向银行借款越困难；健康状况越差，购买医保社保都会使闲置资金减少，降低农场主的购买力，影响其对农业保险的需求。

假设2：在反映家庭农场特征的变量中，经营规模和金融素养正向影响农场主对农业保险的需求程度，农场地域和经营状况负向影响农业保险需求程度。

家庭农场的经营规模在一定程度上影响农场主的风险防范意识。当经营规模较小时，农场主对利用农业保险降低损失的认识不高，故对其需求程度也不高；而当经营规模较大时，高额的损失能引发农场主对降低风险的重视，因此，对农业保险的需求程度会相应较高（宁满秀等，2005[169]；杨新顺和林新，2018[170]）。农场主的金融素养直接影响其对农业保险的需求程度。一般情况下，金融素养越高，农场主可能越清楚或更容易理解农业保险的相关信息，进而更能认识到农业保险的作用和重要性，故对农业保险的需求程度更高。

根据调查，上海地区农村金融体系较为成熟，农场主的金融素养较高，故其对农业保险的需求程度更高。家庭农场的经营状况越好，意味着农场主具备更为娴熟的种养技能和经验，对自然灾害的防范与补救能力较强，因此，对农业保险的需求程度就越低。

假设3：在控制变量中，农场主的性别、年龄和文化程度、家庭财富净值、家庭年均收入、当前财富满意与否正向影响农场主对农业保险的需求程度，风险厌恶程度负向影响农业保险需求程度。

农场主年龄越小，一方面，农作物生产经验可能越少，进而风险防范意识越淡薄；另一方面，可能更加偏好风险，投保意愿较低，所以，农业保险需求程度不高（Cheryl，2006[171]）。一般来说，文化程度影响着农场主对农业保险的接触程度与理解能力（Andrew，2006[172]；周海洋和张遵东，2016[173]）。通常文化程度越高，越能更好地理解农业保险的益处并进行合理的选择。家庭财富净值、家庭年均收入（王伟等，2010[174]；王尔大和于洋，2010[175]）以及当前财富满意与否反映了家庭农场抵抗风险及购买农业保险的能力。当净值、收入较高或对当前财富满意时，农场主对规避风险的需求更高且保险支付能力更强，所以其对农业保险的需求程度也就相应更高（李小勍，2010[176]）。从认识经验的角度来看，男性农场主一般更具有管理能力，累积更多的生产专业知识，更能认识到农业保险的重要性；而女性农场主往往多为风险厌恶型，故对农业保险需求不高。

风险厌恶程度较低的农场主通常偏好高风险、高回报的农业保险产品，他们愿意为获得不确定的高额赔偿支付高额保费；而对于风险厌恶程度较高的农场主来说，他们并不愿意为这种可能获得的赔偿而冒险支付高额保费，因此，风险厌恶程度越高，农业保险需求程度越低（于洋和王尔大，2011[175]）。

7.3 实证分析

因被解释变量农业保险需求程度 insurance 为有序多分类变量，故运用 Tobit 模型对其展开研究。实证结果列于表 7-1。模型 1 包括除家庭财富情绪特征外的其他所有变量，模型 2 则在模型 1 的基础上加入了家庭财富情绪特征变量，模型 3 将所有不显著变量剔除。

表 7-1 家庭农场农业保险需求程度的回归结果

变量	模型 1	模型 2	模型 3
inc_risk	0.314 [0.361]	0.510 [0.386]	—
house	-1.868 [1.087]*	-1.903 [1.104]*	-1.758 [1.056]*
liquidi	-0.491 [0.195]**	-0.431 [0.198]**	-0.317 [0.182]*
health	-0.421 [0.248]*	-0.526 [0.260]**	-0.470 [0.235]**
insur	0.032 [0.582]	0.093 [0.590]	—
region	-0.619 [0.819]	-0.496 [0.833]	—
scale	0.008 [0.277]	0.055 [0.279]	—
manage	-0.472 [0.382]*	-0.485 [0.389]*	-0.731 [0.379]*
knowled	0.378 [0.190]**	0.393 [0.192]**	0.436 [0.175]**
male	0.713 [0.833]	0.697 [0.838]	—
age	0.339 [2.280]*	0.457 [2.298]*	0.121 [0.437]*
edu	1.385 [1.207]*	0.992 [1.247]*	0.049 [0.212]*
wealth	0.318 [0.148]**	0.364 [0.153]**	0.473 [0.112]***
income	0.316 [0.210]*	0.368 [0.214]*	0.379 [0.198]*
attitu	-1.338 [0.632]**	-1.137 [0.645]*	-1.191 [0.598]**

续表

变量	模型 1	模型 2	模型 3
satisfa	—	0.881 [0.566]*	0.827 [0.497]*
age^2	-1.184 [0.615]	-0.149 [0.698]	—
edu^2	-1.030 [0.586]	-0.112 [0.149]	—
观测值	408	408	408
卡方	56.187***	58.587***	54.015***
伪 R^2	0.424	0.437	0.411

注：1. 表中显示的是估算系数的计算结果；2. 括号内的数值是由德尔塔方法计算出的标准差；3. *、**、***分别表示在 10%、5%、1% 水平下显著。

（1）背景风险

①房产投资、流动性约束和健康状况与农业保险需求程度显著负相关，与假设 1 一致，说明这些影响因素对农场主购买农业保险确实存在挤出效应。

②收入风险与农业保险需求程度无显著关系。可能的解释是，收入风险不能直观反映农场主的实际支付能力和抗风险能力，因此无法直接影响农场主购买农业保险的欲望。

③购买新农合或新农保并没有显著影响家庭农场的农业保险需求情况。正如上文所提到的，我国目前新农合与新农保的保障水平并不高，还不足以影响农场主对农业保险的行为决策。

（2）家庭农场特征

①农场地域和农场规模与农业保险需求程度无显著关系。虽然江西省的农村金融体系尚不成熟，但家庭农场主对农业保险依旧是渴望的，希望通过农业保险减轻损失。而由于自然灾害的破坏力度之大，不管是 20 亩地还是 200 亩地，一旦发生，对农场主带来的损失比例几乎是一样的，即百分之百，所以不管家庭农场经营规模的大小是多少，都不会直接影响农场主对农业保险的需求程度。

②经营状况在 10% 水平下显著影响农业保险需求程度。家庭农场的经营状况越好，一方面，表示利润率越高；另一方面，说明农场主的生产经营能力较高，所以其对农业保险的需求度较低。

③金融素养在 5% 水平下显著影响农业保险需求程度。具有较高金融素

养的家庭农场主，更容易理解各种农业保险产品和相关信息，筛选出合适的险种，对购买农业保险更有主观能动性。

（3）控制变量

①农场主性别与农业保险需求程度无显著关系，而年龄和文化程度均与农业保险需求程度显著正相关，但年龄和文化程度的二次项均不显著。随着农场主年龄的增加或是文化程度的提高，家庭农场的农业保险需求程度会上升。年龄越大，生产经营方面的经验就越多，越能理解农业保险的重要性；而文化程度越高，对农业保险产品相对更加了解，越能明白农业保险的作用。这些都会提高对农业保险的需求。

②家庭财富净值、家庭年均收入和当前财富满意与否显著影响农业保险需求程度。家庭财富的实际数值以及农场主的客观财富价值，能够直接影响其对农业保险的行为决策。

③风险厌恶程度与农业保险需求程度显著负相关。根据表 7-1，绝对风险厌恶系数越大，家庭农场购买农业保险的欲望越低。这与风险厌恶型的含义一致，即风险厌恶者更倾向于购买低风险、低回报的项目，而不太愿意购买农业保险这种高风险、高回报的项目。

7.4 稳健性检验与内生性讨论

采取与上文第六部分中相同的方法进行稳健性和内生性检验[①]，检验结果与原实证结论基本一致，原实证结果具有可靠性。

① 由于篇幅所限，稳健性检验结果与工具变量 2SLS 估计结果未给出。如有需要，可向作者索取。

8　信用评级体系的现状

8.1　信用评级基本理论

8.1.1　信用评级的含义

信用评级有狭义和广义两种定义。狭义的信用评级指独立的第三方信用评级中介机构对债务人如期足额偿还债务本息的能力和意愿进行评价，并用简单的评级符号表示其违约风险和损失的严重程度。广义的信用评级则是对评级对象履行相关合同和经济承诺的能力和意愿的总体评价。本书所研究的信用评级是指商业银行采用其内部的信用评级系统对特定的评级对象——农户（家庭农场）履行相关合同的能力与意愿的总体评价。

信用评级的方法是指对受评客体信用状况进行分析并判断优劣的技巧，贯穿分析、综合和评价的全过程。目前商业银行对客户的评级大多采用的是内部评级法。也就是说由商业银行内部的信用评级机构去搜寻客户的相关信息，再通过银行内部的信用评价模型对客户是否有能力且有意愿按约定偿还贷款进行综合评价。并通过划分相应的信用评价等级，最终依此确定是否向客户发放贷款。

8.1.2　信用评级的发展

关于信用评级，尽管信用评级的计量具有复杂性，但随着有关学者不断努力发展，现如今已经取得了一些很大的成果。这些成果形成了信用风险计量的基本方法。传统的信用风险度量方法有专家法、五级分类法等。这些度量方法借助债务人的有关信息，主要集中于债务人的财务信息以及个人素质方面，通过分析其各种信息数据从而来评价其信用质量。不过，值得注意的是，这些传统方法对于不能量化的因素，通常由评级人员根据专业素养进行判定，因此其具有很强的主观性。见表 8-1。

表 8-1 各信用评级方式的优缺点以及适用范围表[180]

计算方法	优点	缺点	适用范围
传统的信用风险度量	处理定性定量指标比较灵活，计算方法比较简单	极强的主观性	各种类型项目的信用评级
Bayes 判别法	可用于多组判别问题，同时效率高	三个假设条件的苛刻，定性指标的难以度量	线性结构的定量分析
Fisher 判别	对分布、方差等都没有任何限制，应用范围比较广，解释性好	难以较好地度量定性指标	线性结构的定量分析
模糊数学	适用性较强，考虑指标较多，同时可以获得专家知识方面的优势	专家人为因素影响较大，评级成本相对较高	辅助分析
主成分分析法	简化系统结构，也就是可以用几个综合变量对客观经济现象进行科学评价	主成分含义解释要比原始变量模糊，同时又要符合实际背景和意义	变量之间的多重共线性分析

现代信用评级方式则主要包括了统计判别模型以及记分模型等，比较常用的统计判别模型为 Bayes 判别法和 Logistic 模型。记分模型中常见的方法为模糊数学方法和主成分分析法。

Bayes 判别法需要我们将每个类别的训练样本看作来自不同的主体。当我们设定或选择每种类别的先验概率以及每个主体的分布形式后，Bayes 判别法根据先验概率和分布，结合所观测到的数据，计算出后验概率和分布，从而使误判的平均损失达到最小。其最大的优势是可以用于多组判别问题，同时判别效率较高。

Fisher 判别亦称典则判别，是根据线性 Fisher 函数值进行判别，使用此准则要求各组变量的均值有显著性差异。该方法的基本思想是投影，即将原来在 R 维空间的自变量组合投影到维度较低的 D 维空间去，然后在 D 维空间中再进行分类。投影的原则是使得每一类的差异尽可能小，而不同类别间投影的离差尽可能大。建立的判别函数可以是线性函数也可以是非线型函数。其优点在于对分布、方差等都没有任何限制，应用范围比较广，解释性好。

模糊数学又称 Fuzzy 数学，是研究和处理模糊性现象的一种数学理论和方法。这种方法最早被用于对企业的信用评级。李敏强等（1997）[177]用模糊评价理论，综合考虑企业的定性、定量两类指标，又将这两类指标分为财务状况、经验管理以及发展前景三大一类指标，同时又将其每类指标分为若干个不同的二级指标。再运用层次分析法来确定其每类指标的权重，然后根据指标的权重进行加权求和，从而给出信用级别。朱顺泉（2002）[178]使用该种方法对商业银行的信用评级进行研究。他将一类指标分为资产质量、清偿能力、经验能力以及财务质量 4 类，分别采用层次分析法确定权重，功效系数法确定模糊矩阵，从而对商业银行进行信用评级应用。该方法的优点在于可充分发挥专家知识的长处，考虑的指标相对来说比较多。缺点在于非财务指标权重过大，权重的确定主要依赖于专家，人为因素影响较大。另外，评级的成本也相对较高。

主成分分析法旨在利用降维的思想，把多指标转化为少数几个综合指标（主成分），其中每个主成分都能够反映原始变量的大部分信息，且所含信息互不重复。刘照德等（2019）[179]通过解决关于因子载荷 L 和因子 f 的二次规划问题，改进了正交因子分析模型。主成分分析的一般做法是通过 SPSS 软件计算主成分值以及主成分系数，再进行主成分分析。主成分分析方法的优点在于可以使问题简单化，同时得到的结果较为有效。

8.2 现有信用评级的不足

本书结合家庭农场（农户）信用风险特征，研究商业银行内部评级相关文献，并通过对银行高管及信用评级部门进行访谈和调研，对商业银行现有评级体系以及评级方法进行较为深入的研究。

我们发现，商业银行目前对客户的评级大多是采用确定的指标体系，根据客户的真实信息，参照相关标准进行评分，随后得到该客户的信用级别，最后再根据信用评级结果进行贷款决策。在此过程中，存在如下问题。

8.2.1 信用指标体系存在的问题

（1）财务指标权重过大

目前，我国商业银行对大中小企业信用评级体系中，其财务指标占比在 70% 左右，这意味着往往财务状况好的企业容易贷到款，而财务状况较差的企业则贷不到款。而中小企业往往普遍有着资产规模差、财务制度不健全的特点，这也是中小微企业普遍存在贷款难、融资难的重要原因。家庭农场（农户）相较于中小微企业，其财务信息更不规范、透明度更低。同时，其财务状况总体情况更让人堪忧。因此，对家庭农场（农户）进行信用评级，应当降低财务指标的权重，增大定性指标的权重。

（2）指标设置缺乏科学性

评价指标的设置针对性不强，没有依据农户特点选取适当的指标。例如，耕种土地规模是衡量农户未来农业收入的重要指标，因此我们要适当在权重上加以倾斜。同时，现有评价指标的设置并没有考虑到信息的搜集成本。对于家庭农场（农户）而言，信息搜集成本相对偏高，因此，充分利用现有网络资源和网络信息，尽量通过家庭农场（农户）相关的网络使用信息来挖掘信用信息，应该是信用评级指标设定的指导性方向。

8.2.2 信用评级方法存在的问题

传统的评级方法是由信用分析专家依据自身专业知识和以往信用评级的经验，为银行提供一个标准化的评级模式，具有极强的主观性。这种主观性决定它必然存在某些判断上的偏颇，会随着时间的推移产生更大的误差。而纯定量方法在条件满足上要求很高，同时往往难以很好地度量其定性指标，因此现有信用评级方法在兼顾定性和定量方面存在较大不足。

8.2.3 信用评级系统存在的问题

（1）客户信息的真实性较难保证

在收集客户信息时，评级人员会接触到农户贷款的数据以及关于其定性评价的相关信息，在实际工作中因监管难会出现贷款经理为谋取私利而致收集信息的真实性降低，评级结果的客观性也就降低。因此，建立系统完整的评级数据库就显得尤为重要，当然，也离不开社会各级评级机构及其他商业银行的支持。

（2）评级自动化程度低

评级需要使用的一些农户数据，在前期调查时或已录入央行系统或本来就存储于商业银行系统内的，当客户需要进行评级时，相应贷款经理有时并没有直接将这些数据纳入评级，而是由其进行手动选择，这样既会增加了人为操作的风险，又可能造成信贷资料与评级数据的不一致。相比于互联网科技公司数据画像而言，其评级自动化的程度较低。

（3）缺乏对信用评级模型的调试和检验

农户信用评级模型的构建十分重要，是商业银行对于农户进行贷款风险管理中很重要的部分。但是商业银行往往只关注新建立的信用评级模型效用，而对于其调试和检验则往往不够关注。由于商业银行构建模型时所使用的样本数据都是过去的信息，随着时间的推移，信用评级模型的准确性可能会有所下降，因此信用评级模型应该定期根据样本的情况进行检验和调试。

9 信用评级体系的构建

9.1 信用评级的原则

信用评级原则是进行信用评级体系构建和实施的基础。为了保证所构建的家庭农场（农户）信用评级体系科学合理且易于操作，我们认为应遵行以下原则。

（1）全面和可操作性原则

农户的信用评级是一种综合性的信用评价，应该从农户各个角度反映其信用状况。对于定性评价内容，由于家庭农场（农户）的特殊性，应选取可操作性强的指标，这样才有利于我们最终得到一套完整有效的信用评级体系。

（2）整体与局部相结合原则

对于获得的各项信用指标，应该紧密联系，层层递进。对于不同局部的侧重点应采取适宜的方式方法，有针对性地运用相应的方法评估各项信用指标。同时要注意关注局部指标方法是否会影响整体指标信用评价。

（3）系统与科学相结合原则

对于信用评级，国内外学者做了大量研究。不过，针对家庭农场和农户的研究较为鲜见。我们在现有研究成果的基础上，梳理与家庭农场（农户）相关联的信用评级方法和理论，再针对家庭农场（农户）的独有特征，进行科学的修正和完善，提出适用于家庭农场（农户）的信用评级模型。同时，我们所采用的模型架构不是固定或一成不变的，应该针对评级对象所在的环境和技术等相关因素，做出相应的变动，从而增强信用评级体系的科学性和适用性。

9.2 信用评级指标的选取

在对农户评级指标选取方面，可以根据农户整体类型的特点适当减少农户年收入、家庭财务状况等财务方面的指标比重，加大农户未来职业前景、农户的信誉、健康状况等非财务指标的比重。在分析农户财务方面的指标时，不仅要关注其过去的年收入，还应该关注农户未来的现金流以及该地区的经济状况。至于非财务指标，我们则要重点关注家庭农场（农户）所面临的职业前景以及核心竞争力的变动情况。

胡愈等（2007）[94]将农户信用指标分为家庭结构特征、偿债能力、经营状况以及信誉状况四类。李增玉（2019）[181]将农户信用评级指标选定为个人及家庭特征、偿债能力、信用状况、经营能力、合作状况以及宏观环境六类。张平（2012）[95]将农村小额信贷客户信用评级指标分为自然情况、职业情况、家庭情况以及与本行关系四大类。虽然信用评级指标明细选项不同，但基本都涉及了农户的家庭结构、社会关系、信贷状况以及财务偿债能力。本书将家庭农场（农户）的信用评级指标分别设定为家庭结构、社会网络、网络信用以及偿债能力等四大类，前二者为定性指标，后两者为定量指标（表9-1）。

本书对指标的选取考量较多，因此，接下来将简要说明各个指标的选取。家庭结构通过家庭劳动力质量及家庭关系等衡量，例如，户主健康程度和教育程度一般说明劳动力质量较好，对贷款的归还可能性就越高。现如今，农村结婚成本较高，对农户是一笔不菲的开支。在收支相似度较高的家庭中，结婚的农户家庭比未结婚的农户家庭往往更有可能归还贷款，李增玉（2019）[181]通过 Logistic 回归模型的分析结果表明农户的婚姻状况与农户信用水平显著正相关。已婚的农户相对于未婚或离异人来说责任感更强，因而工作和生活方面会更积极，违约概率就会更小。至于家庭关系，和睦的家庭关系往往会给家庭中每个人赋予一种信任的使命感，家庭中每个人都会为共同的目标努力奋斗，当然也更有可能归还贷款（胡愈等，2007）[94]。

社会网络一词借用于《基于社会网络视角的农户民间借贷需求行为研究》（杨汝岱，2011）[105]，其从可借贷行为分析得出，家庭社会网络越广泛，社会资本积累就越高，其民间借贷将更为容易。我们认为，家庭农场（农户）的社会网络越广泛，越有利于他们获取资金，也有利于他们按时还贷。

表 9-1 信用评级指标体系

	一级指标	二级指标	三级指标
信用评级的指标选取（A）	定性指标（A_1）	家庭结构（B_1）	户主健康程度（C_1）
			受教育程度（C_2）
			婚否情况（C_3）
			家庭关系（C_4）
		社会网络（B_2）	社会地位（C_5）
			邻里关系（C_6）
			地区经济发展状况（C_7）
			惠农补助收入力度（C_8）
	定量指标（A_2）	网络信用（B_3）	网络信用分（C_9）
			征信查询次数（C_{10}）
			银行信贷次数（C_{11}）
			银行流水（C_{12}）
		偿债能力（B_4）	年收入（C_{13}）
			年支出（C_{14}）
			家庭总资产（C_{15}）
			家庭总负债（C_{16}）
			耕种土地规模（C_{17}）

我们从社会地位、邻里关系、地区经济发展状况以及惠农补助收入力度四个方面来度量家庭农场（农户）的社会网络。家庭农场（农户）的社会地位从侧面反映了他们的资金实力和收入状况。邻里关系则反映了他们与周边家庭的和睦关系。邻里关系越好，表明该家庭农场（农户）的为人处事以及行为准则越符合传统道德要求，更为注重声誉的保持。地区经济发展状况是衡量一个地区的生活消费水平，如果这个地区的经济发展良好，说明该地区未来有很高的发展前景，未来有钱偿还贷款的可能性就相应越高。付剑茹等（2019）[29]从融资渠道也说明了经济发达的地区，资金来源渠道相对会越多、金融服务的可得性和便利性也会越高，资金出现紧迫的概率越低。惠农补助收入是一项惠农政策收入，它暗示了该地区甚至国家对该地区农户的

政策导向。惠农收入越多，说明农业支持力度更强，来年偿还贷款的可能性更高。

传统银行对中小企业以及农户的信用评价体系大多未能加入互联网的架构。而互联网作为各类信息汇集的最大平台，其已经成为了现代信用体系中重要的一环，可以维护良好的社会信用环境（郑秀君，2017）[182]。我们从网络信用分、征信查询次数、银行信贷次数以及银行流水等四个方面对家庭农场（农户）的网络信用进行评判。网络信用分是一个综合性指标。例如，芝麻信用分是通过用户网上信用历史、行为偏好、履约能力、身份特质、人脉关系五个维度客观呈现个人信用状况的综合分值。其分值范围为 350 ~ 950，分值越高代表信用越好，违约可能性就越小（叶文辉，2015）[183]。征信查询次数则是指用户到人民银行征信中心网站查询其信贷信息以及其他影响信贷的信息。一般来说，征信查询次数越多的话，金融机构会相应地主观认为其迫切需要资金但同时得不到相应的资金，因此获得贷款的可能性将会变小。银行信贷次数反映的是农户是否向银行或其他金融机构借过款且是否及时地偿还贷款。一般地，对于及时偿还贷款的用户来说，在下次借款时，银行会认定该用户有较高的信用，因而更容易得到贷款。而对于未及时偿还贷款的客户，银行在以后该客户需要贷款时很可能会拒绝发放贷款。银行流水是评价农户与银行关系的重要桥梁，银行大多通过客户的银行流水来判断贷给客户的资金数量。作为商业银行特有的大数据，交易流水具有数据及时，难以造假等优势，因此在商业银行对于小微客户信用风险方面有独特运用（胡兆钧，2017）[184]。很显然，对于银行流水较多的家庭农场（农户）来说，其获得银行贷款的可能性更高，规模更大。

以上指标大多是从侧面以及主观偿还意愿方面来度量家庭农场（农户）的信用级别。但影响家庭农场（农户）是否违约的直接因素很大程度上取决于其偿债能力。偿债能力大小直接反映了农户的还款能力，即使农户有足够的还款意愿但偿债能力不行也会导致发生违约现象。农户的年收入衡量的是农户每年的家庭收入，其代表的是农户未来每年的现金流，这是衡量农户未来是否能如期履约的重要指标之一。另一个重要指标是农户的年支出。大多数农户都处于需求抑制（罗荷花等，2015）[21]。总体而言，家庭农场（农户）的资金较为拮据，因此农户的年支出都是很谨慎的，大多都是刚需，很难期望通过削减这类刚性支出用以偿还贷款。因此了解其年支出多少有利于我们对农户还款能力的预判，从而决定是否给出贷款。家庭总资产是指农户家庭各类资产的总和，包括固定资产等，一般来说，总资产越多，偿还债务能力越高。总负债包括家庭农场（农户）在所有渠道的借贷，例如银行贷款，私人借款等。债务负担越重，对于农户而言，偿还贷款的压力就越大，此时商业银行如果把贷款发放出去就很有可能收不回。因此，总负债越重，农户发生违约的可能性就越高。耕种土地规模是衡量农户未来农业收入的多少。一般认为，家庭农场（农户）耕种土地规模越大，规模化效应和专业化生产水平越高；抗风险能力越强，经营收入越多，还债能力相对也就更强。

9.3 信用评级权重方法的确定

信用评级理论和方法自 19 世纪末 20 世纪初以来便得到了快速发展，经历了由主观判别到量化分析阶段。慢慢地，主观判断作用不断下降，而越来越多的可量化模型不断受到大家追捧。现实世界的复杂性使得很难单一使用定量指标或定性指标来评判客户的信用状况。同时，相对于企业而言，家庭农场（农户）的基本信息和财务信息更难以获取。因此，我们决定同时采取定量指标和定性指标对家庭农场（农户）的信用进行评价，做到客观数据和主观判断相结合。采用 AHP 法确定定量指标和定性指标的权重。对定量指标设计评价标准，建立相应的多级模糊数学综合评价模型，使其更为精准；对于定性指标，由于难以进行直接比较，采用专家评判法对其进行评价打分。最后，把定量指标与定性指标的各自得分汇总就得出了该评价对象的总得分，查看相应的评分等级表便知道其所属的信用等级（图 9–1）。

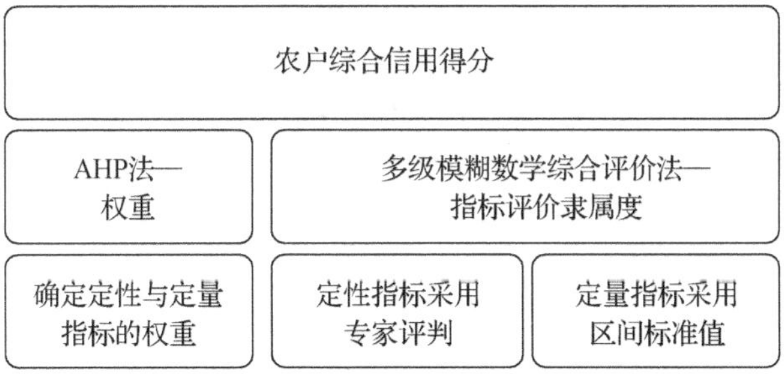

图 9–1　农户信用评级方法的具体操作

首先我们对定性指标与定量指标的权重做一个划分。为了使数据更为合理，我们参考国内商业银行企业信用评级的做法。对于中大型企业，商业银行通常把定量指标定为70%左右。对于中小企业，则会相应减少定量指标的权重，以突出定性指标的重要性。康书生等（2007）[92]认为对中小企业信用评级时，定量指标权重占63%比较符合我国信用评级行业标准。赵家敏（2006）[91]认为商业银行对中小企业信用评级时，硬指标应赋予60%的权重。家庭农场（农户）作为比中小企业财务信息更不透明且信息量少的特殊群体，本书认为对家庭农场（农户）进行信用评级时，定量权重应该更低一些，占比在50%~55%浮动较为合适。为了计算方便，我们采取50%作为定量指标的权重，这一数值既符合现行商业银行信用评级标准，同时又能体现家庭农场（农户）的特点。下面我们从具体思路和具体操作两方面来介绍指标权重的计算。

（1）指标权重计算的具体思路

①建立层次结构模型。将影响信用评价的各因素按照不同属性自上而下分解成三层。分别为决策的目标、考虑的因素（决策准则）和决策对象。也可以按它们之间的相互关系分为最高层、中间层和最低层，绘出层次结构图。决策的目标是指农户的综合信用得分以及通过该得分来判断是否应该给该农户发放贷款。而中间层是指实现目标层所设立的相关准则，是实现目标的中间环节。而最低层则是我们为了测算实现目标所使用的指标。

②构造判断矩阵。接下来确定各层次各因素之间的权重。这一过程是从最高层次到最低层次依次进行的，对不同元素进行两两相互比较，并按其重要性程度评定等级，从而构建两两比较判断矩阵。其中元素之间两两比较哪个重要，重要多少。对重要性程度赋值本书采用 Saaty 的 1－9 标度法，见表9-2。

表9-2　1－9标度法参考准则

因素 i 比因素 j	量化值
同等重要	1
稍微重要	3
较强重要	5
强烈重要	7
极端重要	9
两相邻判断的中间值	2，4，6，8

其中，u_{ij}为要素 i 与要素 j 的重要性比较结果，同时 $u_{ji}=1/u_{ij}$，因此该判断矩阵集合为 $(u_{ij})_{n\times n}$。例如，对于定性指标 A_1 和定量指标 A_2 而言，我们认为其同等重要，因此 $u_{A_1,A_2}=1$。而对于指标年收入 C_{13}和年支出 C_{14}，我们可能认为相比于年收入指标而言，年支出指标更为重要，而这种重要性仅仅是稍微重要，因此此时 $u_{C_{14},C_{13}}=3$；也可能有人认为这两者应该在同等重要和稍微重要之间，因此 $u_{C_{14},C_{13}}=2$。

③计算各层次因素的权重。计算各层次因素的权重时，需要计算出判断矩阵的最大特征值，对应于判断矩阵最大特征根的特征向量，经归一化（使向量中各元素之和等于1）后记为 W。W 为下一层因素相对于上一层因素的比重，再依次进行比重大小排序。这种对于上一层某因素来说，本层次中各因素重要性的排序，我们称其为层次单排序。在计算各层次因素指标的权重时，可以采用幂法、和法以及方根法进行操作计算。实践中因为判断矩阵本身就存在一定的误差，因此相对于幂法，我们可以采取更为简便的近似求解法如求和法，其权重计算方程为：

$$W_i=\frac{1}{n}\sum_{j=1}^{n}\left(u_{ij}/\sum_{k=1}^{n}u_{ki}\right)$$

为了使结果更具有准确性，本书采用 MATLAB 进行操作运算，同时由于可以直接得出判断矩阵的一致性检验结果，因此更为方便。

④判断矩阵可靠性的一致性检验。由于判断矩阵是人为赋予的，带有相应的主观性，因此也可能出现与实际情况不同的结果，因而需要对其进行一致性检验。首先我们计算一致性指标 CI

$$CI=\frac{\lambda_{\max}-n}{n-1}$$

其中，$\lambda_{\max}$为判断矩阵最大特征值。CI 越小，说明一致性越大。同时我们还需要计算一致性检验系数来判断该矩阵的可靠性，为此需要引入随机一致性指标 RI，RI 可通过查表 9-3 可知。

表 9-3 平均随机一致性指标（RI）

矩阵阶数	1	2	3	4	5	6	7	8	9	10
RI	0	0	0.58	0.90	1.12	1.24	1.32	1.41	1.45	1.49

再据此计算一致性检验系数 CR

$$CR=CI/RI$$

当 CR <0.1，就认为该判断矩阵通过一致性检验，否则其就不具有满意一致性，就需要对其做相应的修改。

（2）指标权重的具体操作

我们首先确定定量指标占比为50%，定性指标为50%。定量指标分为偿债能力以及网络信用两方面，定性指标分为社会网络以及家庭结构两方面。再分别对定量指标和定性指标中的不同指标进行两两相互比较，并按其重要性程度评定等级。接下来偿债能力又可以分为年收入、年支出等五项三级指标，又继续评判各三级指标等级。如此就形成了本书的层次结构判断矩阵。为了确保指标之间的权重结果可靠，我们建立由10位专业人士构成的评判小组对各个指标相互之间的重要性进行评判打分。其中以信用社信贷评估人员和对农村有较深研究经验的高级教师为主，同时参考吸收村委会成员以及一些农业大户参加。评定小组根据家庭农场（农户）的层次结构中的每一指标，对其重要性程度进行评定。例如，对于定性指标 A_1 来说，其家庭结构 B_1 相对于社会网络 B_2 的重要性结果见表9-4。

表9-4　家庭结构 B_1 相对于社会网络 B_2 的重要性评定

u_{B_1,B_2}	1	2	3	总和
人数占比	0.3	0.4	0.3	1

其中认为家庭结构 B_1 相对于社会网络 B_2 同等重要的人数为3人，占比为0.3；而认为家庭结构 B_1 相对于社会网络 B_2 稍微重要的人数占比为0.3；其余则认为两者重要性关系居于其中间。因此，我们可以得到

$$u_{B_1,B_2}=0.3\times1+0.4\times2+0.3\times3=2$$

因此，笔者可以认为家庭结构 B_1 相对于社会网络 B_2 的重要性可大致确定为2。

于是同理我们可得到所有指标相对重要性的数据。表9-5、表9-6是运用该数据使用 MATLAB9.0 其进行权重分析的结果。

表9-5　二阶判断矩阵1

（A_1）	（B_1）	（B_2）	W	排序
（B_1）	1	2	0.6667	1
（B_2）	1/2	1	0.3333	2
CR（CI）=0<0.1，通过一次性检验				

续表

(A_2)	(B_3)	(B_4)	W	排序
(B_3)	1	1/3	0. 2500	2
(B_4)	3	1	0. 7500	1
CR（CI）=0＜0. 1，通过一次性检验				

表 9-6　二阶判断矩阵 2

(B_1)	(C_1)	(C_2)	(C_3)	(C_4)	W	排序
(C_1)	1	1/5	1	1/2	0. 1188	4
(C_2)	5	1	3	2	0. 4959	1
(C_3)	1	1/3	1	1/2	0. 1353	3
(C_4)	2	1/2	2	1	0. 2500	2
CR＝0. 009146＜0. 1，通过一次性检验						

(B_2)	(C_5)	(C_6)	(C_7)	(C_8)	W	排序
(C_5)	1	3	5	4	0. 5462	1
(C_6)	1/3	1	3	2	0. 2323	2
(C_7)	1/5	1/3	1	1/2	0. 0838	4
(C_8)	1/4	1/2	2	1	0. 1377	3
CR＝0. 018929＜0. 1，通过一次性检验						

(B_3)	(C_9)	(C_{10})	(C_{11})	(C_{12})	W	排序
(C_9)	1	5	2	4	0. 5087	1
(C_{10})	1/5	1	1/3	1	0. 1033	4
(C_{11})	1/2	3	1	2	0. 2672	2
(C_{12})	1/4	1	1/2	1	0. 1208	3
CR＝0. 005742＜0. 1，通过一次性检验						

(B_4)	(C_{13})	(C_{14})	(C_{15})	(C_{16})	(C_{17})	W	排序
(C_{13})	1	2	1	1/4	2	0. 1489	3
(C_{14})	1/2	1	1/4	1/7	1	0. 0665	5
(C_{15})	1	4	1	1/3	3	0. 1979	2

续表

(B$_4$)	(C$_{13}$)	(C$_{14}$)	(C$_{15}$)	(C$_{16}$)	(C$_{17}$)	W	排序
(C$_{16}$)	4	7	3	1	6	0.5146	1
(C$_{17}$)	1/2	1	1/3	1/6	1	0.0721	4
CR = 0.012497 < 0.1，通过一次性检验							

我们发现以上所有的二阶判断矩阵都通过了一致性检验，其结果都是可靠的，因此我们将得到每个 C_i 层指标相对于决策 A 的综合权重比率，具体见表 9-7。

表 9-7　C_i 层指标相对于决策 A 的综合权重比率

A	B$_1$	B$_2$	B$_3$	B$_4$	W
C$_i$	0.6667	0.3333	0.2500	0.7500	1
C$_1$	0.1188				0.039596
C$_2$	0.4959				0.165284
C$_3$	0.1353				0.045095
C$_4$	0.2500				0.083325
C$_5$		0.5462			0.091052
C$_6$		0.2323			0.038724
C$_7$		0.0838			0.013969
C$_8$		0.1377			0.022955
C$_9$			0.5087		0.063587
C$_{10}$			0.1033		0.012913
C$_{11}$			0.2672		0.033400
C$_{12}$			0.1208		0.015100
C$_{13}$				0.1489	0.055837
C$_{14}$				0.0665	0.024937
C$_{15}$				0.1979	0.074213
C$_{16}$				0.5146	0.192975
C$_{17}$				0.0721	0.027038

其中第二行数值为指标 B_i 在指标 A_i 中的影响权重，如 B_4 在指标层 A_2 中占比 0.7500。第二、第三以及第四列数值为 C_i 占自身上一层的比重，如 C_3 占 B_1 的比重为 0.1353。第五列数值为各个指标 C_i 占总目标 A 的权重。例如，C_{11} 在总目标决策因素影响中占比权重为 0.033400。

9.4 多级模糊综合评价体系的构建

在确定了每个指标所占总决策层目标的权重外，我们还需要对指标的数值进行处理，使得各指标可比，这是非常重要的。例如在其他条件相同情况下，对于年收入 20 万且总资产为 50 万的家庭农场（农户）和年收入 5 万且总资产 100 万的家庭农场（农户），谁的信用等级更高？我们目前无法判断。我们仅仅知道年收入以及总资产对于还贷信用都是正向影响的，但我们无法清晰地确定两个指标因素之间的评价可衡量性。因此为了使多个因素组合呈现可比性，我们引入了多级模糊数学综合评价体系。

多级模糊数学的综合评判模型主要涉及以下几个步骤：①确定评级因素集合；②建立评价集合；③确定隶属度；④建立模糊综合评价体系。具体步骤如下。

（1）确定评级因素集合

根据之前对指标的划分，评价体系共可以分为四级指标体系（图 9-2）。最高层，评级因素集合 A 可以写成 $A = \{A_1, A_2\}$。而对于子集 $A_i(i=1, 2)$，又是由其子集 $B_i(i=1, 2, 3, 4)$ 中的指标决定的，因此 A_1 的评级因素组合可以写成 $A_1 = \{B_1, B_2\}$。同时对于 A_i 的子集 B_i，又是由其子集 $C_i(i=1, 2, \cdots, 17)$ 指标决定，于是我们也可以将 B_i 表示出来，如 $B_1 = \{C_1, C_2, C_3, C_4\}$ 等，因此我们可以得到一系列评级因素集合。

（2）建立评价集合

评价集合是评价结果所对应的评级等级元素所形成的集合。对于评级因素划分无论有多少层指标体系，其评价集合都是一种。为了使最终结果更趋于真实，本书采用大多数银行对企业实行的五级信用评价等级表。为此，信用评价集合设定为 $Y = \{A^+, A, A^-, B^+, B^-\}$，其中 A^+，A，A^-，B^+，B^- 分别代表农户的信用等级为优秀、良好、一般、较差以及极差等水平，具体见表 9-8。

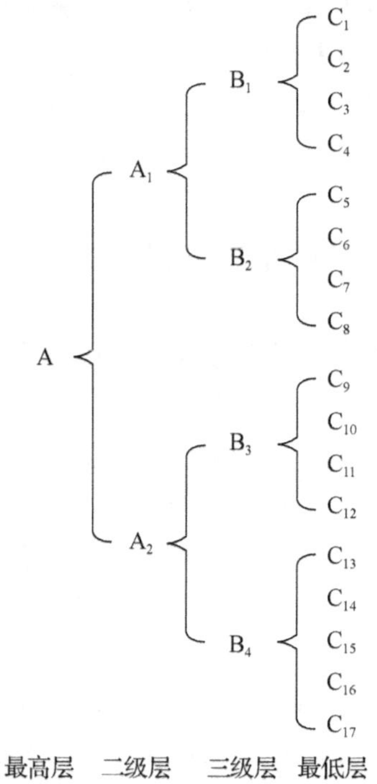

图 9–2 综合评判模型的步骤分析图

表 9–8 五级信用评价等级表

信用等级	A^+	A	A^-	B^+	B^-
评分值	100	90	80	70	60

（3）确定隶属度

由于各个指标适用的度量标准不同，难以进行比较。因此，需要确定所有不同层次指标关于其评价集合的隶属度为多少。也就是说对于 C 指标层中的每一指标，都可以存在一个评价集合中的模糊评级向量与之对应，即 $E_i=(E_{i1}, E_{i2}, \cdots, E_{i5})$，其中 E_{ij}是指对于第 i 个指标因素作出第 j 级评语的隶属度。例如，某家庭农场（农户）的年收入为 20 万，对于该家庭农场（农户）而言，年收入指标 C_{13}的评价隶属度 E_{C13}为（0，0.6，0，0，0.4），其代表的意思为：对该家庭农场（农户）收入指标的评价有 60% 的比例隶属于良好，还有 40% 的比例隶属于较差。在求得每一个类似于该家庭农场

（农户）年收入的评价集合模糊向量后，可以将所有指标的模糊关系向量构成模糊变换矩阵，为 $M=(E_{ij})(i=1, 2, \cdots, n; j=1, 2, \cdots, 5)$，为了使隶属度值变得更加真实和可靠，对于定性指标和定量指标，可采用不同的方法来确定其隶属度。

①对于定性指标因素，相较于定量指标而言，难以用数字方法去衡量。因此笔者通过专家评判法来确定其隶属度。所谓专家评判法，就是让专家根据笔者建立的评价集合，参考定性指标标准，确定各指标层的相关隶属度。我们只有在构建了最底层指标元素隶属度的前提下，才能得到相对上一层指标的评价因素，从而为更上一层的指标划分评价等级。也就是说我们要先算出 C 指标层中每一指标的模糊评级向量，即一个隶属度向量 $E_{Ci}=\{E_{Ci1}, E_{Ci2}, E_{Ci3}, E_{Ci4}, E_{Ci5}\}$。其中 E_{Cij} 是 C_i 对于评价等级集合元素 j 的隶属度，用参评人员中认为 C_i 属于 j 的隶属度人数/参评专家总人数表示。例如，10 位评审专家对受教育程度 C_2 指标进行隶属度确定。假定有一家庭农场（农户），其家庭最高受教育程度为本科。若有 6 位评审专家认为培养一位本科教育程度的学生对于农村家庭来说实属不易，因而对该家庭农场（农户）的受教育程度评定为优秀，而 2 位评审专家认为本科教育在当前整个社会已经没有什么新奇，可能会降低其评定成绩，又考虑到在农村群体中，本科教育程度依然会占据一些优势，因而对该家庭农场（农户）的受教育程度判定为良好，而剩余 2 位专家认为本科生很平常，因而可能判定在受教育程度方面，该家庭农场（农户）为一般，因此该家庭农场（农户）在经过专家评议后对评价等级集合的隶属度为 $E_{C2}=\{0.6, 0.2, 0.2, 0, 0\}$。同理可以得到所有家庭农场（农户）定性指标的隶属度向量。

②对于定量指标因素。目前没有评级机构或金融机构确定家庭农场（农户）评级指标参考值。再加上家庭农场（农户）信用的研究数据缺失，因此，我们采用由权威专家的打分来给出评级指标的区间标准值。见表 9-9。

表 9-9　定量指标区间标准值

指标＼等级	A^+	A	A^-	B^+	B^-
C_9	$u_{9,1}$	$u_{9,2}$	$u_{9,3}$	$u_{9,4}$	$u_{9,5}$
C_{10}	$u_{10,1}$	$u_{10,2}$	$u_{10,3}$	$u_{10,4}$	$u_{10,5}$

续表

指标＼等级	A^+	A	A^-	B^+	B^-
C_{11}	$u_{11,1}$	$u_{11,2}$	$u_{11,3}$	$u_{11,4}$	$u_{11,5}$
C_{12}	$u_{12,1}$	$u_{12,2}$	$u_{12,3}$	$u_{12,4}$	$u_{12,5}$
C_{13}	$u_{13,1}$	$u_{13,2}$	$u_{13,3}$	$u_{13,4}$	$u_{13,5}$
C_{14}	$u_{14,1}$	$u_{14,2}$	$u_{14,3}$	$u_{14,4}$	$u_{14,5}$
C_{15}	$u_{15,1}$	$u_{15,2}$	$u_{15,3}$	$u_{15,4}$	$u_{15,5}$
C_{16}	$u_{16,1}$	$u_{16,2}$	$u_{16,3}$	$u_{16,4}$	$u_{16,5}$
C_{17}	$u_{17,1}$	$u_{17,2}$	$u_{17,3}$	$u_{17,4}$	$u_{17,5}$

其中，$u_{i,j}$是指指标 C_i 在等级 j 的区间标准值。u_i 是指 C_i 的真实值。于是我们可以求得指标 C_i 对等级 j 的隶属度 E_{Cij}有以下几种情况：

①对于指标值大小与农户信用水平高低呈正相关的正指标来说，$u_{i,j} > u_{i,j+1}$，从而 $E_{Cij} = (u_i - u_{i,j+1})/(u_{i,j} - u_{i,j+1})$。$E_{Cij} = E_{Ci}$，$E_{Cij+1} = 1 - E_{Ci}$。其余 3 个等级的隶属度都为 0。若此时 $u_i < u_{i,5}$或者 $u_i > u_{i,1}$，那么就会出现 $E_{Ci5} = 1$ 或 $E_{Ci1} = 1$，其余 4 个等级的隶属度都为 0。

②对于指标值大小与农户信用水平高低呈负相关的负指标来说，$u_{i,j+1} > u_{i,j}$，从而得出 $E_{Cij} = (u_{i,j+1} - u_i)/(u_{i,j+1} - u_{i,j})$。$E_{Cij} = E_{Ci}$，$E_{Cij+1} = 1 - E_{Ci}$。其余 3 个等级的隶属度都为 0。若此时 $u_i > u_{i,5}$ 或 $u_i < u_{i,1}$，那么就会出现 $E_{Ci9} = 1$ 或 $E_{Ci1} = 1$。其余 4 个等级的隶属度皆为 0。

表 9-10 大多是通过问卷调查得到的定量指标等级区间标准值。

表 9-10　由问卷调查得出定量指标分级标准参照值

指标/等级	A^+	A	A^-	B^+	B^-
(C_9)	700	650	600	550	350
(C_{10})	0	1	3	4	6
(C_{11})	信用卡、贷款超过 3 次且从未逾期	信用卡、贷款超过 1 次且未逾期	未跟银行发生借贷关系	信用卡、贷款 3 个月逾期未超过 60 天	信用卡、贷款 3 个月逾期未超过 90 天

续表

指标/等级	A^+	A	A^-	B^+	B^-
(C_{12})	100	50	20	10	5
(C_{13})	50	40	30	10	5
(C_{14})	5	10	20	30	50
(C_{15})	200	100	50	20	10
(C_{16})	0	5	20	50	200
(C_{17})	500	250	100	50	10

注：网络信用分 C_9 指标我们参照了支付宝芝麻信用分五等级，其中未开通的农户将视为 A 等级信用。银行信贷次数 C_{11} 部分标准参照了中国人民银行征信中心个人征信报告。其余指标由于数据的可获得性差，我们也采用了专家打分标准的形式来完成。

例如，已知银行流水指标与家庭农场（农户）信用水平呈正相关，银行流水越多说明家庭农场（农户）的现金流量越大，未来违约的风险越小。表 9-11 显示，对于指标 C_{12}（银行流水）来说，如果家庭农场（农户）的银行流水为 100 万及以上，则可以判定该家庭农场（农户）在此指标上为优秀；为 50 万则判定该家庭农场（农户）此指标等级为良好；为 20 万则判定该家庭农场（农户）此指标等级为一般；为 10 万则判定该家庭农场（农户）此指标等级为较差；为 5 万则判定该家庭农场（农户）此指标等级为极差。趋于中间值则在两等级都有隶属度。

表 9-11 C_{12} 等级

等级 指标	A^+	A	A^-	B^+	B^-
C_{12}	100	50	20	10	5

若该家庭农场（农户）今年银行流水为 17 万元，则该家庭农场（农户）对一般等级的隶属度可以计算为 $E_{C12,3}=(17-10)/(20-10)=0.7$，对于较差等级隶属度为 $1-0.7=0.3$，于是我们可得该家庭农场（农户）此指标的隶属度评价集合为 $E_{C12}=\{0, 0, 0.7, 0.3, 0\}$。若家庭农场（农户）今年银行流水为 3 万元，则对于此指标极差的评价等级隶属度为 1，于是隶属度评价集合 $E_{C12}=\{0, 0, 0, 0, 1\}$。

(4) 建立模糊综合评价体系

因此我们建立模糊综合评价体系只需要建立三级模糊综合评价体系。一级模糊综合评价体系为先计算最底层 C_i 占其对应上一层 B_i 的权重 W_{Bi}（我们上面已经计算得出），例如，指标 C_8 占上一层指标 B_2 的权重为 0.1377。再计算其指标层 C_i 在评价集合中对应的隶属度向量值 $E_{Bi}(i=1, 2, 3, \cdots, 13)$，于是我们可以得到一级模糊综合评价向量为 $V_{Bi}=W_{Bi}\times E_{Bi}$。二级模糊综合评价体系则先计算第二层也就是我们的 B_i 层占上一层指标 A_i 的比重 W_{Ai}（也已经计算出来了），再得到其指标层 B_i 在评价集合中对应的隶属度向量值 $E_{Ai}(i=1, 2, 3, 4)$，即由一级模糊评价向量组成的评判矩阵，于是我们也可以得出二级模糊综合评价向量为 $V_{Ai}=W_{Ai}\times E_{Ai}$。三级模糊综合评价体系为先计算指标层 A_i 占目标层 A 的权重 W_i（上面将其定为 50%），再通过将其指标层对应的隶属度向量值找出为 E_i（$i=1, 2$），即由二级模糊综合评价向量集合组成的矩阵，就可以求得最终的综合模糊评价向量 $V=W_i\times E_i$。

经过上面多步综合评级操作，最终将得到家庭农场（农户）信用综合评价向量或者说集合 V_{Ai}，表示家庭农场（农户）的综合信用指标对于每个信用等级的隶属度大小。另外，我们假定信用等级评分值分别在 90～100，80～90，…，50～60 等 5 个范围波动，为了方便计算，我们采用每个范围的平均值，即 95，85，75，65，55 等 5 个常数值进行计算，因此引入分值集合 $D^T=(D_1, D_2, D_3, D_4, D_5)^T$，其中 D_j 表示第 j 等级的分数值。例如，$D_3=75$。由此，我们可以得到家庭农场（农户）信用综合评价分数 Z，其表达式为：

$$Z=V_i\times D^T$$

由上式计算出家庭农场（农户）的信用综合得分 Z 后，再对照信用等级表，就能确定该家庭农场（农户）的信用等级大小。

9.5 评级模型解释

南昌县是江西省首府首县，江西省第一个百强县，是全国著名的商品粮基地、渔业重点县，享有“江南粮仓”“鱼米之乡”等美誉。但由于农业人口基数大，范围广，因此导致惠农收入力度较弱。作为传统且著名的产粮大县，对其家庭农场（农户）的融资贷款情况进行深入研究有利于了解当地家庭农场（农户）融资现状，同时希望为当地政策建言献策。

某专业种粮大户家庭目前有四口人，其中两个儿子，户主年龄为46岁，健康状况良好，常年几乎不生病。家庭中受教育程度最高的是大儿子，为本科学历，暂时未婚。家庭中夫妻俩偶尔争吵。曾在九江银行贷款购买南昌市高新区住房一套，2018年已提前还清房贷。户主并未开通支付宝等网上工具，因此网络信用分暂时未能查询。该种粮大户征信查询次数显示为零。银行流水每年大约55万。家庭年收入每年大致30万，年支出大约每年20万，其中生活成本类占5万左右。2019年银行流水约为55万。家庭最重要的资产为南昌市高新区的一套房产，市值约为85万元，另外有一辆小货车，加上备用的货币资产，总资产值大约为110万元。对外负债约3万元。耕种土地规模约300亩地。邻里人缘关系良好，与周边人员关系较为融洽。未有政府和银行等方面的人脉关系，但与村镇里的一些企业老总有所交往。对本村村干部较为熟悉和了解。

基于此我们可以对该种粮大户进行信用评级。第一，确定评级因素集合。根据前文所确定的指标，形成一系列信用评级因素集合。第二，建立评价集合。也就是 $Y = \{A^+, A, A^-, B^+, B^-\}$。第三，确定隶属度。分别对定性、定量指标采取对应的方法对其进行研究分析，确定各指标的隶属度，见表9-12。

表9-12　南昌县某种粮大户信用评价指标隶属度

指标 C_i	解释说明	对应的隶属度
户主健康程度（C_1）	46岁，良好，几乎不生病	(0.3, 0.4, 0, 0.3, 0)
受教育程度（C_2）	本科生	(0.6, 0.2, 0.2, 0, 0)
婚否情况（C_3）	两儿子都未婚	(0, 0, 0, 0.5, 0.5)
家庭关系（C_4）	偶尔夫妻吵架	(0.4, 0.2, 0.4, 0, 0)
社会地位（C_5）	结识企业老总同时也结识村干部	(0.3, 0.4, 0, 0, 0.3)
邻里关系（C_6）	关系相对融洽	(0.3, 0.3, 0.4, 0, 0)
地区经济发展状况（C_7）	江西省第一个百强县	(0.8, 0.2, 0, 0, 0)
惠农补助收入力度（C_8）	农业范围广，补助较弱	(0, 0, 0, 0.3, 0.7)
网络信用分（C_9）	未开通	(0, 0, 1, 0, 0)
征信查询次数（C_{10}）	0次	(1, 0, 0, 0, 0)
银行信贷次数（C_{11}）	房贷1次，已还清	(0, 1, 0, 0, 0)

续表

指标 C_i	解释说明	对应的隶属度
银行流水（C_{12}）	55 万	(0.1, 0.9, 0, 0, 0)
年收入（C_{13}）	30 万	(0, 0, 1, 0, 0)
年支出（C_{14}）	20 万	(0, 0, 1, 0, 0)
家庭总资产（C_{15}）	110 万	(0.1, 0.9, 0, 0, 0)
家庭总负债（C_{16}）	3 万	(0.4, 0.6, 0, 0, 0)
耕种土地规模（C_{17}）	300 亩	(0.2, 0.8, 0, 0, 0)

第四，建立模糊综合评价体系。前文我们已经用层次分析法计算了每个指标的权重，因此我们可以得到一级综合评价向量为 $V_{B_1}=W_{B_1}\times E_{B_1}$，

$$V_{B_1}=(0.1188,0.4959,0.1353,0.2500)\times\begin{pmatrix}0.3,0.4,0,0.3,0\\0.6,0.2,0.2,0,0\\0,0,0,0.5,0.5\\0.4,0.2,0.4,0,0\end{pmatrix}$$

$$=(0.4332,0.1967,0.1992,0.1033,0.0677)$$

用同样的方法求出 V_{B_2}、V_{B_3} 和 V_{B_4}。

$$V_{B_2}=(0.5462,0.2323,0.0838,0.1377)\times\begin{pmatrix}0.3,0.4,0,0,0.3\\0.3,0.3,0.4,0,0\\0.8,0.2,0,0,0\\0,0,0,0.3,0.7\end{pmatrix}$$

$$=(0.3006,0.3049,0.0929,0.0413,0.2603)$$

$$V_{B_3}=(0.5087,0.1033,0.2672,0.1208)\times\begin{pmatrix}0,0,1,0,0\\1,0,0,0,0\\0,1,0,0,0\\0.1,0.9,0,0,0\end{pmatrix}$$

$$=(0.1154,0.3759,0.5087,0,0)$$

$$V_{B_4}=(0.1489,0.0665,0.1979,0.5146,0.0721)\times\begin{pmatrix}0,0,1,0,0\\0,0,1,0,0\\0.1,0.9,0,0,0\\0.4,0.6,0,0,0\\0.2,0.8,0,0,0\end{pmatrix}$$

$$=(0.2400,0.5446,0.2154,0,0)$$

利用公式 $V_{A_1}=W_{A_1}\times E_{A_1}$ 和 $V_{A_2}=W_{A_2}\times E_{A_2}$ 得到二级综合评价向量值为

$$V_{A_1}=(0.6677,0.3333)\times\begin{pmatrix}0.4332,0.1967,0.1992,0.1033,0.0677\\0.3006,0.3049,0.0929,0.0413,0.2603\end{pmatrix}$$

或

$$(0.3890,0.2328,0.1638,0.0826,0.1318)$$

由于定量评价是用偿债能力和网络信用两指标进行刻画的，因此

$$V_{A_2}=(0.2500,0.7500)\times\begin{pmatrix}0.1154,0.3759,0.5087,0,0\\0.2400,0.5446,0.2154,0,0\end{pmatrix}$$

或

$$(0.2089,0.5024,0.2887,0,0)$$

计算第三级综合评价向量为 $V=W_i\times E_i$，即

$$V=(0.5,0.5)\times\begin{pmatrix}0.4792,0.2328,0.1638,0.0375,0.0867\\0.2089,0.5024,0.2887,0,0\end{pmatrix}$$

或

$$(0.2989,0.3676,0.2262,0.0413,0.0659)$$

前文我们已经确定了分数集合为 $D^T=(100,\ 90,\ 80,\ 70,\ 60)^T$，因此可以通过 $V\times D^T$ 得到该种粮大户的最终信用得分为 87.9 分，即良好等级。该种粮大户确实也从银行中获取了相应的贷款，且能及时按照合同约定偿还贷款。

10 案例运用

10.1 数据来源

本书的案例数据来源于 2017 年 7 月永丰县佐龙乡、新余市九龙山乡以及上海松江区获取的 62 份问卷调查，取其中信息完整且有贷款需求的 50 户家庭农场作为研究样本，问卷有效率为 80.65%。针对 50 户家庭农场的问卷调查，我们利用所构建的信用评级模型进行评估，并将评估结果与商业银行的评估结果进行对比。

通过对 50 户家庭农场的调研数据进行分析可知，在户主受教育程度方面，主要是以小学和初中为主。统计数据显示，样本中小学和初中文化程度的人数共有 34 人，占有样本总量的 68%，占据绝大数。拥有高中学历的农户有 10 人，而教育程度在本科及以上学历的人数比例则非常低，仅占调查样本总量的 12%，可见农户目前普遍还是学历较低，农户的整体素质急需提升。在婚否情况方面，主要是以已婚为主，数据显示，存在一个未婚儿子的家庭有 27 户，占总样本的 54%。存在两个未婚儿子的家庭有 11 户。而没有儿子的家庭或者有但都结婚的家庭占 24%。

在调查的 50 户家庭农场样本中，年收入在 10 万以下的有 17 户，占比 34%。年收入在 10 万～20 万的有 18 户，占比为 36%。年收入在 20 万～100 万的有 12 户，占比为 24%。而年收入在 100 万以上的仅仅占比为 6%。同时农业耕种花费成本较大，由此可见，农业平均利润率还是较低。

10.2 家庭农场信用评级的实例应用

针对样本中的 50 户家庭农场，应用笔者所构建的信用评级模型，对他们的信用进行评估，以确定是否可以批准他们的贷款申请。考虑到篇幅的限制，本书只展示 5 户家庭农场的信用评级过程。首先计算家庭农场的信用评级隶属度，其次分别计算一级综合评价向量、二级综合评价向量以及三级综合评价向量。最后得出家庭农场的信用评分。具体计算过程如下。5 户家庭农场的信用评级隶属度分别列于表 10-1、表 10-2、表 10-3、表 10-4 和表 10-5。

表 10-1　家庭农场信用评级隶属度（家庭农场 1）

指标 C_i	解释说明	对应的隶属度
户主健康程度（C_1）	较差	(0, 0, 0.2, 0.5, 0.3)
受教育程度（C_2）	高中	(0, 0.3, 0.4, 0.3, 0)
婚否情况（C_3）	两儿子都未婚	(0, 0, 0, 0.5, 0.5)
家庭关系（C_4）	偶尔夫妻出现吵架	(0.4, 0.2, 0.4, 0, 0)
社会地位（C_5）	以上都并未结识	(0, 0, 0, 0, 1)
邻里关系（C_6）	关系相对融洽	(0.3, 0.3, 0.4, 0, 0)
地区经济发展状况（C_7）	上海松江区	(1, 0, 0, 0, 0)
惠农补助收入力度（C_8）	上海松江区	(0.4, 0.6, 0, 0, 0)
网络信用分（C_9）	未开通	(0, 0, 1, 0, 0)
征信查询次数（C_{10}）	0 次	(1, 0, 0, 0, 0)
银行信贷次数（C_{11}）	0 次	(0, 0, 1, 0, 0)
银行流水（C_{12}）	3 万	(0, 0, 0, 0, 1)
年收入（C_{13}）	7 万	(0, 0, 0, 0.4, 0.6)
年支出（C_{14}）	3 万	(1, 0, 0, 0, 0)
家庭总资产（C_{15}）	15 万	(0, 0, 0, 0.5, 0.5)
家庭总负债（C_{16}）	2 万	(0.6, 0.4, 0, 0, 0)
耕种土地规模（C_{17}）	20 亩	(0, 0, 0, 0.25, 0.75)

由于已经用层次分析法计算了每个指标的权重，因此我们可以得到一级综合评价向量为 $V_{B_1}=W_{B_1}\times E_{B_1}$。

$$V_{B_1}=(0.1188,0.4959,0.1353,0.2500)\times\begin{pmatrix}0,0,0.2,0.5,0.3\\0,0.3,0.4,0.3,0\\0,0,0,0.5,0.5\\0.4,0.2,0.4,0,0\end{pmatrix}$$

$$=(0.1,0.1988,0.3221,0.2758,0.1033)$$

我们用同样的方法求出 V_{B_2}、V_{B_3} 和 V_{B_4}。

$$V_{B_2}=(0.5462,0.2323,0.0838,0.1377)\times\begin{pmatrix}0,0,0,0,1\\0.3,0.3,0.4,0,0\\1,0,0,0,0\\0.4,0.6,0,0,0\end{pmatrix}$$

$$=(0.2086,0.1523,0.0929,0,0.5462)$$

$$V_{B_3}=(0.5087,0.1033,0.2672,0.1208)\times\begin{pmatrix}0,0,1,0,0\\1,0,0,0,0\\0,0,1,0,0\\0,0,0,0,1\end{pmatrix}$$

$$=(0.1033,0,0.7759,0,0.1208)$$

$$V_{B_4}=(0.1489,0.0665,0.1979,0.5146,0.0721)\times\begin{pmatrix}0,0,0,0.4,0.6\\1,0,0,0,0\\0,0,0,0.5,0.5\\0.6,0.4,0,0,0\\0,0,0,0.25,0.75\end{pmatrix}$$

$$=(0.3753,0.2058,0,0.1765,0.2424)$$

同样我们也可以利用公式 $V_{A_1}=W_{A_1}\times E_{A_1}$ 和 $V_{A_2}=W_{A_2}\times E_{A_2}$ 得到二级综合评价向量值为:

$$V_{A_1}=(0.6677,0.3333)\times\begin{pmatrix}0.0667,0.1325,0.2148,0.1839,0.0689\\0.0695,0.0508,0.0310,0.0,0.1820\end{pmatrix}$$

或

$$(0.1362,0.1833,0.2457,0.1839,0.2509)$$

由于定量这块是用偿债能力和网络信用两指标来进行刻画的，因此

$$V_{A_2}=(0.2500,0.7500)\times\begin{pmatrix}0.0258,0,0.1940,0,0.0302\\0.2814,0.1544,0,0.1324,0.1818\end{pmatrix}$$

或

$$(0.3073,0.1544,0.1940,0.1324,0.2120)$$

计算第三级综合评价向量为 $V=W_i\times E_i$，即

$$V=(0.5,0.5)\times\begin{pmatrix}0.0681,0.0916,0.1229,0.0919,0.1255\\0.1536,0.0772,0.0970,0.0662,0.1060\end{pmatrix}$$

或

$$(0.2217, 0.1688, 0.2199, 0.1581, 0.2314)$$

已知分数集合 $D^T=(100，90，80，70，60)^T$，因此可以通过 $V\times D^T$ 得到该家庭农场的最终信用得分为79.91分，为一般等级。该家庭农场的确无法从银行中获取相应的贷款额度，与实际评价结果一致。

表10-2 家庭农场信用评级隶属度（家庭农场2）

指标 C_i	解释说明	对应的隶属度
户主健康程度（C_1）	非常差	(0，0，0，0，1)
受教育程度（C_2）	本科及以上	(0.6，0.2，0.2，0，0)
婚否情况（C_3）	一儿子未婚	(0，0.5，0.2，0.3，0)
家庭关系（C_4）	偶尔出现吵架	(0.4，0.2，0.4，0，0)
社会地位（C_5）	以上都并未结识	(0，0，0，0，1)
邻里关系（C_6）	关系一般	(0，0.3，0.2，0，0.5)
地区经济发展状况（C_7）	上海松江区	(1，0，0，0，0)
惠农补助收入力度（C_8）	上海松江区	(0.4，0.6，0，0，0)
网络信用分（C_9）	未开通	(0，0，1，0，0)
征信查询次数（C_{10}）	0次	(1，0，0，0，0)
银行信贷次数（C_{11}）	0次	(0，0，1，0，0)
银行流水（C_{12}）	10万	(0，0，0，1，0)
年收入（C_{13}）	10万	(0，0，0，1，0)
年支出（C_{14}）	7万	(0.6，0.4，0，0，0)
家庭总资产（C_{15}）	20万	(0，0，0，1，0)
家庭总负债（C_{16}）	0万	(1，0，0，0，0)
耕种土地规模（C_{17}）	100亩	(0，0，1，0，0)

对于家庭农场2，同样使用之前计算得出的指标权重，可以得到一级综合评价向量为 $V_{B_1}=W_{B_1}\times E_{B_1}$。

$$V_{B_1}=(0.1188, 0.4959, 0.1353, 0.2500)\times\begin{pmatrix}0,0,0,0,1\\0.6,0.2,0.2,0,0\\0,0.5,0.2,0.3,0\\0.4,0.2,0.4,0,0\end{pmatrix}$$

$$=(0.3975, 0.2168, 0.2262, 0.0406, 0.1188)$$

用同样的方法求出 V_{B_2}、V_{B_3} 和 V_{B_4}。

$$V_{B_2}=(0.5462,0.2323,0.0838,0.1377)\times\begin{pmatrix}0,0,0,0,1\\0,0.3,0.2,0,0.5\\1,0,0,0,0\\0.4,0.6,0,0,0\end{pmatrix}$$

$$=(0.1389,0.1523,0.0465,0,0.6624)$$

$$V_{B_3}=(0.5087,0.1033,0.2672,0.1208)\times\begin{pmatrix}0,0,1,0,0\\1,0,0,0,0\\0,0,1,0,0\\0,0,0,1,0\end{pmatrix}$$

$$=(0.1033,0,0.7759,0.1208,0)$$

$$V_{B_4}=(0.1489,0.0665,0.1979,0.5146,0.0721)\times\begin{pmatrix}0,0,0,1,0\\0.6,0.4,0,0,0\\0,0,0,1,0\\1,0,0,0,0\\0,0,1,0,0\end{pmatrix}$$

$$=(0.5545,0.0266,0.0721,0.3468,0)$$

同样也可用公式 $V_{A_1}=W_{A_1}\times E_{A_1}$ 和 $V_{A_2}=W_{A_2}\times E_{A_2}$ 得到二级综合评价向量值。

$$V_{A_1}=(0.6677,0.3333)\times\begin{pmatrix}0.2650,0.1446,0.1508,0.0271,0.0792\\0.0463,0.0508,0.0155,0.0,0.2208\end{pmatrix}$$

或

$$(0.3113,0.1953,0.1663,0.0271,0.3000)$$

由于定量这块是用偿债能力和网络信用两指标来进行刻画的，因此

$$V_{A_2}=(0.2500,0.7500)\times\begin{pmatrix}0.0258,0,0.1940,0.0302,0\\0.4159,0.0200,0.0541,0.2601,0\end{pmatrix}$$

或

$$(0.4417,0.0200,0.2481,0.2903,0)$$

计算第三级综合评价向量为 $V=W_i\times E_i$，即

$$V=(0.5,0.5)\times\begin{pmatrix}0.1557,0.0977,0.0832,0.0135,0.1500\\0.2209,0.0100,0.1240,0.1452,0\end{pmatrix}$$

或

$$(0.3765,0.1076,0.2072,0.1587,0.1500)$$

已知，分数集合 $D^T=(100, 90, 80, 70, 60)^T$，因此可以通过 $V\times D^T$ 得到该家庭农场的最终信用得分为 84.02 分，为良好等级。但据调查了解，该家庭农场曾尝试过向银行借款但由于缺少抵押品等原因并未从银行获得相应的贷款。于是该家庭农场转向其亲朋好友借款，每次都按时还款。还款记录十分良好。

表 10-3 家庭农场信用评级隶属度（家庭农场 3）

指标 C_i	解释说明	对应的隶属度
户主健康程度（C_1）	一般	(0, 0.2, 0.6, 0.2, 0)
受教育程度（C_2）	高中	(0, 0.3, 0.4, 0.3, 0)
婚否情况（C_3）	一儿子未婚	(0, 0.5, 0.2, 0.3, 0)
家庭关系（C_4）	家庭幸福和睦	(1, 0, 0, 0, 0)
社会地位（C_5）	跟当地企业老总、村干部等很熟且人脉很广	(1, 0, 0, 0, 0)
邻里关系（C_6）	邻里关系较好	(0.6, 0.4, 0, 0, 0)
地区经济发展状况（C_7）	新余市九龙山乡	(0.1, 0.2, 0, 0, 0.7)
惠农补助收入力度（C_8）	新余市九龙山乡	(0.6, 0, 0.2, 0, 0.2)
网络信用分（C_9）	未开通	(0, 0, 1, 0, 0)
征信查询次数（C_{10}）	0 次	(1, 0, 0, 0, 0)
银行信贷次数（C_{11}）	3 次	(1, 0, 0, 0, 0)
银行流水（C_{12}）	50 万	(0, 1, 0, 0, 0)
年收入（C_{13}）	28 万	(0, 0, 0, 1, 0)
年支出（C_{14}）	13 万	(0, 0.7, 0.3, 0, 0)
家庭总资产（C_{15}）	305 万	(1, 0, 0, 0, 0)
家庭总负债（C_{16}）	0 万	(1, 0, 0, 0, 0)
耕种土地规模（C_{17}）	100 亩	(0, 0, 1, 0, 0)

对于家庭农场 3，同样使用之前计算得出的指标权重，可以得到一级综合评价向量为 $V_{B_1}=W_{B_1}\times E_{B_1}$。

$$V_{B_1}=(0.1188,0.4959,0.1353,0.2500)\times\begin{pmatrix}0,0.2,0.6,0.2,0\\0,0.3,0.4,0.3,0\\0,0.5,0.2,0.3,0\\1,0,0,0,0\end{pmatrix}$$

$$=(0.2500,0.2402,0.2967,0.2131,0)$$

用同样的方法求出 V_{B_2}、V_{B_3} 和 V_{B_4}。

$$V_{B_2}=(0.5462,0.2323,0.0838,0.1377)\times\begin{pmatrix}1,0,0,0,0\\0.6,0.4,0,0,0\\0.1,0.2,0,0,0.7\\0.6,0,0.2,0,0.2\end{pmatrix}$$

$$=(0.7766,0.1097,0.0275,0,0.0862)$$

$$V_{B_3}=(0.5087,0.1033,0.2672,0.1208)\times\begin{pmatrix}0,0,1,0,0\\1,0,0,0,0\\1,0,0,0,0\\0,1,0,0,0\end{pmatrix}$$

$$=(0.3705,0.1208,0.5087,0,0)$$

$$V_{B_4}=(0.1489,0.0665,0.1979,0.5146,0.0721)\times\begin{pmatrix}0,0,0,1,0\\0,0.7,0.3,0,0\\1,0,0,0,0\\1,0,0,0,0\\0,0,1,0,0\end{pmatrix}$$

$$=(0.7125,0.0466,0.0921,0.1489,0)$$

同样也可以利用公式 $V_{A_1}=W_{A_1}\times E_{A_1}$ 和 $V_{A_2}=W_{A_2}\times E_{A_2}$ 得到二级综合评价向量值为：

$$V_{A_1}=(0.6677,0.3333)\times\begin{pmatrix}0.1667,0.1601,0.1978,0.1421,0\\0.2588,0.0366,0.0092,0,0.2287\end{pmatrix}$$

或

$$(0.4255,0.1967,0.2070,0.1421,0.0287)$$

由于定量这块是用偿债能力和网络信用两指标来进行刻画的，因此

$$V_{A_2}=(0.2500,0.7500)\times\begin{pmatrix}0.0926,0.0302,0.1272,0,0\\0.5344,0.0349,0.0690,0.1117,0\end{pmatrix}$$

或

$$(0.6270, 0.0651, 0.1962, 0.1117, 0)$$

计算第三级综合评价向量为 $V = W_i \times E_i$，即

$$V = (0.5, 0.5) \times \begin{pmatrix} 0.2128, 0.0983, 0.1035, 0.0710, 0.0144 \\ 0.3135, 0.0326, 0.0981, 0.0558, 0 \end{pmatrix}$$

或

$$(0.5263, 0.1309, 0.2016, 0.1269, 0.0144)$$

已知分数集合 $D^T = (100, 90, 80, 70, 60)^T$，因此可以通过 $V \times D^T$ 得到该家庭农场的最终信用得分为 90.28 分，为优秀等级。该家庭农场确实也可以从银行中获取相应的贷款额度，且按时定期偿还了贷款，与实际评价结果一致。

表 10-4　家庭农场信用评级隶属度（家庭农场 4）

指标 C_i	解释说明	对应的隶属度
户主健康程度（C_1）	非常好	(1, 0, 0, 0, 0)
受教育程度（C_2）	高中	(0, 0.3, 0.4, 0.3, 0)
婚否情况（C_3）	已结婚	(1, 0, 0, 0, 0)
家庭关系（C_4）	家庭幸福和睦	(1, 0, 0, 0, 0)
社会地位（C_5）	熟识当地企业老总、村干部或政府、银行等人员	(0.5, 0.2, 0.3, 0, 0)
邻里关系（C_6）	邻里关系较好	(0.6, 0.4, 0, 0, 0)
地区经济发展状况（C_7）	新余市九龙山乡	(0.1, 0.2, 0, 0, 0.7)
惠农补助收入力度（C_8）	新余市九龙山乡	(0.6, 0, 0.2, 0, 0.2)
网络信用分（C_9）	660	(0.2, 0.8, 0, 0, 0)
征信查询次数（C_{10}）	0 次	(1, 0, 0, 0, 0)
银行信贷次数（C_{11}）	2 次	(0.5, 0.5, 0, 0, 0)
银行流水（C_{12}）	23 万	(0, 0.1, 0.9, 0, 0)
年收入（C_{13}）	33 万	(0, 0.3, 0.7, 0, 0)
年支出（C_{14}）	16 万	(0, 0.4, 0.6, 0, 0)
家庭总资产（C_{15}）	420 万	(1, 0, 0, 0, 0)
家庭总负债（C_{16}）	0	(1, 0, 0, 0, 0)
耕种土地规模（C_{17}）	160 亩	(0, 0.4, 0.6, 0, 0)

对于家庭农场4，同样使用之前计算得出的指标权重，可以得到一级综合评价向量为 $V_{B_1}=W_{B_1}\times E_{B_1}$。

$$V_{B_1}=(0.1188,0.4959,0.1353,0.2500)\times\begin{pmatrix}1,0,0,0,0\\0,0.3,0.4,0.3,0\\1,0,0,0,0\\1,0,0,0,0\end{pmatrix}$$

$$=(0.5041,0.1488,01984,0.1488,0)$$

我们用同样的方法求出 V_{B_2}、V_{B_3}和 V_{B_4}。

$$V_{B_2}=(0.5462,0.2323,0.0838,0.1377)\times\begin{pmatrix}0.5,0.2,0.3,0,0\\0.6,0.4,0,0,0\\0.1,0.2,0,0,0.7\\0.6,0,0.2,0,0.2\end{pmatrix}$$

$$=(0.5035,0.2189,0.1914,0,0.0862)$$

$$V_{B_3}=(0.5087,0.1033,0.2672,0.1208)\times\begin{pmatrix}0.2,0.8,0,0,0\\1,0,0,0,0\\0.5,0.5,0,0,0\\0,0.1,0.9,0,0\end{pmatrix}$$

$$=(0.3386,0.5526,0.1087,0,0)$$

$$V_{B_4}=(0.1489,0.0665,0.1979,0.5146,0.0721)\times\begin{pmatrix}0,0.3,0.7,0,0\\0,0.4,0.6,0,0\\1,0,0,0,0\\1,0,0,0,0\\0,0.4,0.6,0,0\end{pmatrix}$$

$$=(0.7125,0.1001,0.1874,0,0)$$

同样利用公式 $V_{A_1}=W_{A_1}\times E_{A_1}$和 $V_{A_2}=W_{A_2}\times E_{A_2}$得到二级综合评价向量值为

$$V_{A_1}=(0.6677,0.3333)\times\begin{pmatrix}0.3361,0.0992,0.1322,0.0992,0\\0.1678,0.0730,0.0638,0,0.0287\end{pmatrix}$$

或

$$(0.5039,0.1722,0.1960,0.0992,0.0287)$$

由于定量这块是用偿债能力和网络信用两指标来进行刻画的，因此

$$V_{A_2} = (0.2500, 0.7500) \times \begin{pmatrix} 0.0847, 0.1382, 0.0272, 0, 0 \\ 0.5344, 0.0751, 0.1405, 0, 0 \end{pmatrix}$$

或

$$(0.6190, 0.2132, 0.1677, 0, 0)$$

计算第三级综合评价向量为 $V = W_i \times E_i$，即

$$V = (0.5, 0.5) \times \begin{pmatrix} 0.2519, 0.0861, 0.0980, 0.0496, 0.0144 \\ 0.3095, 0.1066, 0.0839, 0, 0 \end{pmatrix}$$

或

$$(0.5615, 0.1927, 0.1819, 0.0496, 0.0144)$$

已知分数集合 $D^T = (100, 90, 80, 70, 60)^T$，因此可以通过 $V \times D^T$ 得到该家庭农场的最终信用得分为 92.37 分，为优秀等级。该家庭农场确实也可以从银行获得相应的贷款额度，且按时定期偿还了贷款，与实际评价结果一致。

表 10–5　家庭农场信用评级隶属度（家庭农场 5）

指标 C_i	解释说明	对应的隶属度
户主健康程度（C_1）	非常好	(1, 0, 0, 0, 0)
受教育程度（C_2）	初中和中专	(0, 0, 0.2, 0.5, 0.3)
婚否情况（C_3）	两儿子都未婚	(0, 0, 0, 0.5, 0.5)
家庭关系（C_4）	偶尔出现吵架	(0.4, 0.2, 0.4, 0, 0)
社会地位（C_5）	以上都并未结识	(0, 0, 0, 0, 1)
邻里关系（C_6）	邻里关系经常不好	(0, 0, 0, 0.3, 0.7)
地区经济发展状况（C_7）	永丰县佐龙乡	(0.2, 0.5, 0, 0, 0.3)
惠农补助收入力度（C_8）	永丰县佐龙乡	(0.3, 0.5, 0, 0.2, 0)
网络信用分（C_9）	未开通	(0, 0, 1, 0, 0)
征信查询次数（C_{10}）	0 次	(1, 0, 0, 0, 0)
银行信贷次数（C_{11}）	0 次	(0, 0, 1, 0, 0)
银行流水（C_{12}）	10 万	(0, 0, 0, 1, 0)
年收入（C_{13}）	16 万	(0, 0, 0.3, 0.7, 0)
年支出（C_{14}）	14 万	(0, 0.6, 0.4, 0, 0)
家庭总资产（C_{15}）	205 万	(1, 0, 0, 0, 0,)

续表

指标 C_i	解释说明	对应的隶属度
家庭总负债（C_{16}）	140 万	(0, 0, 0, 0.4, 0.6)
耕种土地规模（C_{17}）	60 亩	(0, 0, 0.2, 0.8, 0)

对于家庭农场5，同样使用之前计算得出的指标权重，可以得到一级综合评价向量为 $V_{B_1}=W_{B_1}\times E_{B_1}$。

$$V_{B_1}=(0.1188,0.4959,0.1353,0.2500)\times\begin{pmatrix}1,0,0,0,0\\0,0,0.2,0.5,0.3\\0,0,0,0.5,0.5\\0.4,0.2,0.4,0,0\end{pmatrix}$$

$$=(0.2188,0.0500,0.1992,0.3156,0.2164)$$

我们用同样的方法求出 V_{B_2}、V_{B_3} 和 V_{B_4}。

$$V_{B_2}=(0.5462,0.2323,0.0838,0.1377)\times\begin{pmatrix}0,0,0,0,1\\0,0,0,0.3,0.7\\0.2,0.5,0,0,0.3\\0.3,0.5,0,0.2,0\end{pmatrix}$$

$$=(0.0581,0.1108,0,0.0972,0.7340)$$

$$V_{B_3}=(0.5087,0.1033,0.2672,0.1208)\times\begin{pmatrix}0,0,1,0,0\\1,0,0,0,0\\0,0,1,0,0\\0,0,0,1,0\end{pmatrix}$$

$$=(0.1033,0,0.7759,0.1208,0)$$

$$V_{B_4}=(0.1489,0.0665,0.1979,0.5146,0.0721)\times\begin{pmatrix}0,0,0.3,0.7,0\\0,0.6,0.4,0,0\\1,0,0,0,0\\0,0,0,0.4,0.6\\0,0,0.2,0.8,0\end{pmatrix}$$

$$=(0.1979,0.0399,0.0857,0.3678,0.3088)$$

同样也可以利用公式 $V_{A_1}=W_{A_1}\times E_{A_1}$ 和 $V_{A_2}=W_{A_2}\times E_{A_2}$ 得到二级综合评价向量值为

$$V_{A_1}=(0.6677,0.3333)\times\begin{pmatrix}0.1459,0.0333,0.1328,0.2104,0.1443\\0.0194,0.0369,0,0.0324,0.2446\end{pmatrix}$$

或

$$(0.1652,0.0702,0.1328,0.2428,0.3889)$$

由于定量这块是用偿债能力和网络信用两指标来进行刻画的，因此

$$V_{A_2}=(0.2500,0.7500)\times\begin{pmatrix}0.0258,0,0.1940,0.0302,0\\0.1484,0.0299,0.0643,0.2758,0.2316\end{pmatrix}$$

或

$$(0.1743,0.0299,0.2582,0.3060,0.2316)$$

计算第三级综合评价向量为 $V=W_i\times E_i$，即

$$V=(0.5,0.5)\times\begin{pmatrix}0.0826,0.0351,0.0664,0.1214,0.1945\\0.0871,0.0150,0.1291,0.1530,0.1158\end{pmatrix}$$

或

$$(0.1697,0.0501,0.1955,0.2744,0.3102)$$

已知分数集合 $D^T=(100,90,80,70,60)^T$，因此可以通过 $V\times D^T$ 得到该家庭农场的最终信用得分为 74.95 分，为一般等级。该家庭农场确实无法从银行中获取相应的贷款额度，与实际评价结果一致。

10.3 家庭农场信用评级的结果分析

通过对以上 50 户家庭农场的调查数据进行分析，我们发现，以原来的银行信贷体系标准，50 户家庭农场只能有 17 户家庭农场可以获得相应的贷款。而通过改进的信用评级体系评估，原本可以从银行获得贷款的 17 户家庭农场中有 16 户通过了评估筛选，而剩下的 33 户中有 5 户通过评估体系筛选。由此，家庭农场可获得贷款的数量增至 21 户，新增率为 8% 。且通过后续的观察发现，新评级体系所筛选出的 5 户农户都可以及时按照合同约定进行还贷，并无不良还款记录，从而实现其在贷款人数及贷款质量上的成功。由此可见，优化后的信用评级体系对于改善家庭农场融资难的问题发挥了作用。

综上，本书所构建的家庭农场信用评级体系具有一定的可行性。该体系在优化信用评级指标时，充分考虑了家庭农场的特点及其信用特征，降低了定量指标所占权重，提高了定性指标权重。并且在定量指标和定性指标选择

上，更为关注家庭农场（农户）的发展前景。同时，在指标选取时，考虑到数据的易获得性，增加了网络数据指标，不仅能降低数据搜集成本，而且还便于数据的及时更新。

11 结论与建议

11.1 研究结论

是否有资金需求与资金需求紧迫二者之间存在较大区别。当资金需求极度紧迫时，家庭农场不仅发展壮大受到阻碍，甚至连生存都面临威胁。那么哪些因素容易导致家庭农场出现资金需求紧迫呢？当家庭农场面临资金需求极度紧迫时，外源融资至关重要。外源融资可以区分为银行类金融机构借贷和民间借贷两类渠道。家庭农场在两类借贷渠道中分别受哪些因素影响，有何差异呢？本书基于上海和江西两地的家庭农场微观调查数据，对这些问题进行了实证研究，得出如下结论。

（1）资金紧迫

样本家庭农场中资金出现紧迫情形的占比 34.39%。背景风险因子、家庭农场特征因子、家庭资产收入因子、家庭规模和结构因子，以及年龄与教育因子均会显著影响家庭农场的资金紧迫概率，而情绪特征因子对其没有显著影响。具体地，收入风险、健康风险、流动性约束越大，资金紧迫概率越高；农场所处地域越发达，经营规模越大，经营状况越好，金融素养、财富净值、年均总收入、房产市值、文化程度越高，家庭人口、同堂代数越多，家庭农场的资金紧迫概率越低；此外，相较于青年和老年时期，农场主处于中年或壮年时期的家庭农场出现资金紧迫现象的可能性更低。

（2）借贷渠道

①相较于江西，上海的家庭农场无论是银行类正规金融借贷渠道还是民间借贷渠道都更为畅通。从某个程度上可以判定，经济越发达，金融体系越成熟，市场氛围越浓厚，正规和民间两类借贷的可得性均会得到提升。②当经营规模、财富净值和房产市值高于一定水平时，其增加有利于家庭农场获得银行类正规金融贷款。不过，当家庭农场经营规模、财富净值和房产市值过小时，就很难通过银行类机构的贷款审批。面临资金需求的家庭农场只能

更多地寻求民间借贷。年龄上也有类似的发现。处于中壮年的农场主更容易获得银行类机构的贷款，农场主年龄过小或过老都不利于银行类机构贷款申请审批的通过，当面临资金需求时，不得不更多寻求民间借贷。③总体上看，银行类正规金融借贷和民间借贷存在显著的差异。银行类机构在对家庭农场贷款申请进行审批时，更为看重收入风险、流动性约束、经营规模、经营状况、财富、房产、年龄及教育等更容易量化的硬指标，而对不太好评价的某些信息关注度不够。比如家庭农场的家庭成员健康状况、家庭人口规模以及家庭结构。而民间借贷在这类软信息进行了解和评价时，较银行类机构更有优势。家庭成员健康状况好，家庭人口规模大，家庭结构层次多都有利于家庭农场民间借贷能力的提高。

在农业现代化进程中，服务需求的重要性日益凸显，且越来越多元化。例如，理财投资、农业保险、结算、咨询、担保等，其中理财投资和农业保险对支持家庭农场健康发展举足轻重。理财投资可以有效利用闲置资金，给家庭农场带来一定的资金支持；而农业保险能有效减轻家庭农场的风险损失，稳定收入水平。本书基于样本数据，对家庭农场的风险金融资产投资概率及比重、农业保险需求程度进行探究，得出如下结论。

（3）理财投资

①收入风险、健康风险、房产价格风险越大，家庭农场所面临的不确定性就越大，为了保证整体所承担的风险不至过大，家庭农场会减少风险金融资产的投资，此即为替代效应。而高质量医疗保险和养老保险的持有，则会降低家庭农场所面临的不确定性，从而促进风险金融资产的投资。②参与医疗保险和养老保险的成本越大，房产价格越高，经营规模越大（意味着需要投入更多的资源），都会挤占更多的有限可支配资源，从而对家庭农场风险金融资产投资产生挤出效应。③可以用作抵押的房产价值越高，经营规模越大（用作抵押的土地经营权越多），经营状况越好（积累的财富和声誉有利于获取外部融资），资产和收入越多（可用作抵押品以获取外部融资），都有利于家庭农场流动性管理能力的提升，继而有利于风险金融资产的持有行为。此即为流动性效应。④经营状况越好（容易积累财富），资产和收入越多，家庭农场可支配的资源就会越多，可用作风险金融资产的财富相对也会更多，风险金融资产持有的可能性和比重也会提升。此即为财富效应。⑤金融服务的可得性和便利性越好，政府及金融机构对经济主体的金融教育越多，相关金融产品的宣讲做得越好，家庭农场基于现实和未来的判断形成

的财富情绪越乐观，家庭农场参与风险金融资产投资的可能性就会越大。

（4）农业保险

①房产占比越高、流动性约束越大、健康状况越差，对农业保险的挤出效应越大，需求程度越低。②家庭农场的经营状况越好，对农业保险的需求程度越低。经营状况好，意味着农场主具备丰富的生产技术和经营能力，所以其能较好地防范风险并采取有效的补救措施。③较高的金融素养和文化程度会提高家庭农场的农业保险需求程度，因为这样的农场主往往本身就对农业保险具有一定的了解，或是在接受农业保险相关信息方面更具优势，能够选择合适的保险。④年龄越大，相应的阅历见识就越多，越能体会农业保险从无到有带来的改变，理解其作用及重要性。⑤家庭财富净值和家庭年均收入具体地反映了家庭农场的资产水平，财富净值和年均收入越高，农业保险的购买力就越高；当前财富满意与否则客观地体现了农场主对自身家庭农场的财富评价，对当前财富满意则说明其更有可能考虑农业保险。这些都会影响对农业保险的需求程度。⑥风险偏好型的农场主购买农业保险的欲望最高，其次是风险中性型，而风险厌恶型的农场主对农业保险需求程度最低。

（5）信用评级

本书在对家庭农场（农户）信用进行系统分析后，采用层次分析法与模糊综合分析法，建立了针对家庭农场（农户）的信用评级指标体系。具体做了如下研究工作：①理论上系统地阐述了信用风险与家庭农场（农户）融资的关系，用信用违约互换作为中介说明了信息不对称才是家庭农场（农户）融资难融资贵的根本原因。②参考银行现有中小企业信用评级方法，并在指标和权重上加以改进，建立了符合家庭农场（农户）特点的指标体系及评级模型。③通过家庭农场（农户）微观调查数据验证该信用评级体系的有效性。在上述研究工作的基础上得到以下结论：①银行和评级机构现行的评级方法主要针对企业，从而不能对家庭农场（农户）信用状况进行正确的评价。建立符合家庭农场（农户）特点的信用评级体系，有助于解决家庭农场（农户）融资难融资贵的困境。②相比于中小企业而言，家庭农场（农户）财务信息更不透明且更为缺乏，定量指标数据如资产状况往往偏低。为此，在对家庭农场（农户）进行信用评级时，定量权重应该更低一些，而应该增加对其定性指标的考查力度。③在对家庭农场（农户）进行信用评价指标选取时，应尽量选择信息较为容易获得的指标，如受教育程度、婚否情况、社会网络、家庭声誉等。同时还可以结合互联网选取一些网络数据，如网络信用分等。

11.2 政策建议

11.2.1 基于家庭农场

金融素养和文化程度的提高，一方面有利于降低家庭农场资金紧迫概率，并对其向银行类金融机构借款具有积极作用，如了解更多金融产品、熟悉借款手续等；另一方面促使农场主购买风险金融资产和农业保险，并做出合理的选择。而样本数据中农户的文化程度普遍在初中水平，本科及以上仅占1.96%。由此可见，有必要加强农户的自身素质，培育新型职业农民。

经营状况对家庭农场的资金紧迫概率、银行类正规金融借贷能力、风险金融资产投资概率及比重、农业保险需求程度具有显著影响。因此，选择一个合适的经营管理模式对家庭农场经营非常重要。例如，合作共生模式：在以完成政府牵头的区域产业发展项目为目的、以生产要素的流动和资源重组为主要内容的前提下，由政府项目引导的各家庭农场共同组成家庭农场集群，并通过该集群与工商企业进行产业合作（刘倩，2014[185]）。将农户拥有的土地、技术、劳动力等要素与工商企业拥有的资本、管理等要素以及地方政府拥有的政策与项目优势融合在一起，能够实现资源互相改进。

11.2.2 基于金融机构

第一，研究表明，银行类机构在审核贷款申请时，更为注重家庭农场可以用来抵押的有形资产实力。实际上，银行类金融机构应该针对家庭农场特点，创新改革现有抵押贷款机制。首先，对于信用担保体系，可以搭建一套以地方政府为主导、各信用机构共同参与的担保组织体系，以契合家庭农场发展。其次，根据家庭农场多样化特点，开创并不断改进各类抵押方式。比如，针对种植型家庭农场，可推广以土地承包经营权、农机具等为主要抵押物的金融产品；针对养殖型家庭农场，可推行以加工设备、厂房、产品订单合同为主要抵押物的金融产品。特别地，可以逐步推进宅基地抵押贷款试点。最后，充分发挥网络作用。银行可以利用自身遍布全国各地的网络点、丰富的城乡居民信息资源等优势，主动对接各类农业电子商务平台，建立多方共享、互相制约的“互联网+”平台，引进上游农资供应商、下游收购加工及销售商，打通农资供给、农产品生产收购加工及销售各环节，通过采用互联网技术解决金融服务面临的时间长、成本高、信息不对称等问题（李湘和纪秀风，2018[186]）。

第二，根据调查数据，虽然有70.59%的家庭农场都表示最希望向银行类金融机构借款，但是真正实现的只有32.41%，而且63%的家庭农场认为向银行类金融机构借款比较困难或非常困难，主要原因有手续繁琐、借款用途受限、借款额度较小而利率较高、资信要求较高等，故应当结合家庭农场的实际情况来改善贷款产品。在期限方面，应设定灵活的贷款期限，特别是对于一些从事苗木、林果等生产周期较长的家庭农场来说应适当延长贷款期限；在利率方面，可根据有关贴息政策，降低家庭农场的贷款利率；在额度方面，可根据家庭农场与农户的客观情况予以适度提高；在审批程序方面，应对符合条件且在授信限度内的家庭农场建立贷款快速审批机制。

第三，针对保险公司：其一，准确定位家庭农场类型，对于不同家庭财富净值、家庭年均收入的家庭农场，设置更为灵活多样的保险产品；其二，根据不同风险类型的农场主，厘定差别化保费，对风险偏好型可以设定高额保费，而对风险厌恶型设定低额保费；其三，在农村开展农业保险推广宣传活动，一方面，可以普及农民对农业保险的认知能力；另一方面，能够让保险公司更加清楚农民对农业保险的关注点和需求点，进而合理改进保险产品。

第四，基于信用评级的研究，我们发现家庭农场（农户）融资难融资贵的重要原因在于现有信用评级体系的不适宜。改善现有信用评级方法，构建针对家庭农场（农户）的信用评级体系有利于解决其融资难融资贵问题。金融机构应该在信用评级方法上进一步改进，根据不同的服务对象确定不同的信用评级方法。

11.2.3 基于政府

研究表明，经营规模越大，家庭农场出现资金紧迫概率会下降，且向银行类金融机构借款越容易。农村劳动力的转移致使许多农村土地闲置，限制了其他农民扩大农场规模。因此，亟须加快推进务工农民在城市安家落户，使他们能够确实放开农村土地的承包经营权。同时地方政府部门还应加快推进农村土地确权、登记、颁证等工作，确保土地承包经营权规范流转。此外，家庭农场规模扩大还能增加农机具的利用率，减少人工劳动力的投入，提高劳作效率。

研究表明，发达地区的家庭农场出现资金紧迫的概率明显低于非发达地区，同时在银行类正规金融机构和民间两类借贷渠道方面都更为畅通。虽然地区性差异在短期内很难消除，但非发达地区政府仍然可以在相关政策上有所作为。具体可从以下三方面着手：一是政府可以在投资、信贷、财税、贴息等方面给出更加优惠的政策，从而引导银行类金融机构在农村地区更多地配置金融资源；二是鼓励国有商业银行、农业政策性银行加快农村金融产品创新，借助网络便利在较短时间内迅速扩大农村金融的覆盖面，并根据农村需要，推出涵盖抵押担保贷款、小额贷款、农村特色农业贷款等多样化产品体系，实现金融产品助力家庭农场健壮发展的现实需求的精准性、匹配性与可持续性（蒲丽娟，2018[187]）；三是由政府出面使用财政资金成立信贷担保基金或担保公司，为家庭农场和信贷机构搭建桥梁，以放大农业信贷资金的支持范围和支持规模，同时也可降低借款风险，使农业财政补贴真正用到农业生产上，提高农业财政补贴使用效率（靳淑平和王济民，2017[188]）。

研究表明，养老顾虑和健康风险会显著降低家庭农场的风险金融资产投资概率及比重，参与养老和医疗保险可以降低该风险。公共财政要进一步加大对新农保的补贴力度，较大幅度地提高农村的养老保障水平，切实降低家庭农场等农村群体养老的不确定性和风险。适度降低新农合的参与成本，实行分类缴费标准，对于困难群体实行免费参保，对身体健康且收入水平相对较高的农村青壮年群体可适当提高缴费标准。在不增加保费压力的前提下，提高医疗保险的报销比例。此外，繁杂的缴费流程可能也会降低家庭农场等农村群体的参加比率，故有必要简化新农保和新农合的缴费流程，构建信息化、网络化的缴费平台（李全利，2018[189]）。最后，稳定房产市场。由于房产投资和风险金融资产投资存在明显的替代效应，因此相关部门应严格把控房地产市场的价格波动，尽量将其稳定在合理范围之内，这对驱动我国资本市场进一步发展存在重要意义。

此外，在农业保险方面，政府应采取如下措施：一是改善对农业保险的支持、利用与监督的方式方法。关键是建立和完善农业保险自动财政补偿机制、农业保险立法原则以及特殊险种的监督管理办法等，处理好政府与农业保险健康发展的关系；二是构建以农发行为基础、农村信贷与农业保险相结合的农村银保互动机制。可对农业保险的投保人提供贷款担保或对向投保者供低息农业贷款的金融机构给予利息补贴，待条件成熟时，可以将参加保险作为贷款发放的条件之一；三是应用巨灾风险管理理论与方法，探讨农业巨灾风险的保险处理技术及建立风险转移分散机制。通过再保险或农业风险基金等形式来分散农业保险经营者的风险，加快建立健全农业保险制度（周海洋和张遵东，2016[173]）。

结　语

家庭农场是以家庭成员为主要劳动力，从事农业规模化、集约化、商品化生产经营，并以农业收入为家庭主要收入来源的新型农业经营主体。家庭农场同时具有公司和家庭的某些相关特性，但相较于公司或家庭，又存在较大的差异性。因此，对家庭农场的金融需求进行研究，同时涉及到公司金融和家庭金融的相关理论和实践，具有重要的理论意义和现实意义。本次调研主要围绕上海松江区、江西吉安市和新余市部分地区家庭农场的金融需求展开，通过发放纸质和电子调查问卷、挨家挨户访谈获取数据信息，调查问卷主要根据农场主基本信息和家庭资产构成、家庭农场基本情况和融资情况这四大方面设计。此外，还通过与松江区新浜镇新浜村、叶榭镇井凌桥村农办处副主任的沟通，深入了解了该地区地方政府对家庭农场的支持政策。

本书首先论述我国家庭农场的发展背景及研究意义，梳理国内外的相关文献，对现有研究进行详细概括。然后根据上述文献内容，对研究主题“金融需求”的概念进行归纳界定，提出金融需求包含资金需求和服务需求，并且分析研究所立足的理论基础。其次归纳总结国内外家庭农场的背景、相关政策及发展近况，国外主要列举了美国、俄罗斯和日本这三个国家。再次对样本微观调查数据进行描述性统计分析，包含农场主的基本信息、家庭的资产构成情况、家庭农场的基本发展概况和融资情况，发现家庭农场主要存在三个金融需求问题：一是资金需求意愿较高但满足度低；二是向正规金融机构借款受阻；三是农业保险需求程度较高但支持不足。对此，本书展开了比较全面的实证分析和理论分析。在资金需求方面，先是研究家庭农场的资金紧迫性，随后进一步分析借贷渠道即银行类正规金融机构与民间借贷之间的差异性；在服务需求方面，对农场主的理财投资行为和农业保险需求程度的影响因素进行了分析，其中理财投资从投资概率和投资比重两个层面展开。此外，为确保数据的可靠性，本书进行了信度与效度检验。并且针对较多的自变量，通过主成分分析与因子分析方法进行降维处理，以及通过多重共线性讨论确保自变量之间不存在共线性问题。在信用评级方面，采用层次分析法与模糊综合分析法，建立了针对家庭农场（农户）的信用评级体系。并利用微观调研数据对所构建的信用评级体系进行验证。最后，根据研究所得结论，分别从家庭农场、金融机构以及政府三个角度提出相应的建议。

参考文献

[1] 吴婷婷，余波．家庭农场发展的金融支持研究——以江苏省南通市为例［J］. 当代金融管理，2014，36（12）：47－51.

[2] 兰勇，周孟亮，易朝辉．我国家庭农场金融支持研究［J］. 农业技术经济，2015，(6)：48－56.

[3] 谌立平，杨夕斌．武陵山片区家庭农场金融支持研究——基于湖南怀化的实证研究［J］. 武汉金融，2016，(12)：61－63.

[4] 郭栋梁．新型农业经营主体金融支持研究综述［J］. 湖北农业科学，2018，57(17)：5－10.

[5] 王建华，李俏．我国家庭农场发育的动力与困境及其可持续发展机制构建［J］. 农业现代化研究，2013，(5)：552－555.

[6] Gabriel Medina，Camila Almeida，Evandro Novaes. Development Conditions of Family Farming：Lessons From Brazil［J］. World Development，2015，(74)：386－396.

[7] Jiska A.，van VlietAntonius G.，T. Schut. De-mystifying family farming：Features，diversity and trends across the globe［J］. Global Food Security，2015，(5)：11－18.

[8] 杜志熊，王新志．中国农业基本经营制度变革的理论思考［J］. 理论探讨，2013，(4)：72－75.

[9] 郭熙保，郑淇泽．确立家庭农场在农业新型经营主体中的主导地位［J］. 山西农经，2014，(1)：30－31.

[10] Wiggins S.，Kirsten J.，Llambi L. The future of small farms［J］. World Development，2010，38（10）：1341－1348.

[11] 王春贤．关于安徽省家庭农场金融服务情况的调研与思考［J］. 金融经济，2013，(11)：173－175.

[12] 赵久爽．家庭农场服务需求特征、存在的问题及政策建议——基于对常德市25户家庭农场的调查与分析［J］. 金融经济，2015，(6)：206－208.

[13] 郑涛，路征，林毅，吴振宇．我国家庭农场金融需求的影响因素分析——基于3市424个家庭农场的入户调查［J］. 四川师范大学学报（社会科学版），2017，44(3)：62－69.

[14] 彭建刚，李巾杰，周鸿卫．中小企业的金融需求与中小金融机构的业务定位［J］.

经营与管理，2005，4（1）：53－58.
[15] 葛兆强，王晓天．中小企业的金融需求与商业银行的金融服务支持［J］.海南金融，2007，（6）：13－21.
[16] 林强．农村中小企业金融需求影响因素分析及政策建议——以福建为例［J］.亚太经济，2009，（7）：96－99.
[17] 谢丽霜．西部欠发达地区农户融资需求分析与政策选择——基于对广西罗城、田阳、靖西县的调查［J］.改革与战略，2007，（2）：92－95.
[18] 陈文晴．以农户金融需求为导向创新农村金融服务——基于湖北省监利县的调查［J］.中国地质大学学报，2011，11（4）：92－95.
[19] 王吉鹏，肖琴，李建平．新型农业经营主体融资：困境、成因及对策——基于131个农业综合开发产业化发展贷款贴息项目的调查［J］.农业经济问题，2018（02）：71－77.
[20] Dean S. Karlan. Social connections and group banking *［J］. The Economic Journal，2007，117（517）：F52－F84.
[21] 罗荷花，李明贤，曹艺馨．我国农户融资需求及其融资可获得性的影响因素分析［J］.农村经济，2015（08）：52－57.
[22] 熊建国．中国农户融资的现状分析与民间金融——来自江西省上饶市的个案调查与思考［J］.中国农村经济，2006（03）：59－62＋69.
[23] Paulo Santos and Christopher B. Barrett. Persistent poverty and informal credit［J］. Journal of Development Economics，2010，96（2）：337－347.
[24] 王定祥，田庆刚，李伶俐，王小华．贫困型农户信贷需求与信贷行为实证研究［J］.金融研究，2011（05）：124－138.
[25] 熊学萍，阮红新，易法海．农户金融行为、融资需求及其融资制度需求指向研究——基于湖北省天门市的农户调查［J］.金融研究，2007（08）：167－181.
[26] 刘莉亚，胡乃红，李基礼，柳永明，骆玉鼎．农户融资现状及其成因分析——基于中国东部、中部、西部千社万户的调查［J］.中国农村观察，2009（03）：2－10＋94.
[27] Chunguang Bai et al. Banking credit worthiness：Evaluating the complex relationships［J］. Omega，2018，83.
[28] 徐丽鹤，袁燕．财富分层、社会资本与农户民间借贷的可得性［J］.金融研究，2017（02）：131－146.
[29] 付剑茹，吴程灵．家庭农场、资金需求紧迫与借贷渠道——基于背景风险和家庭农场特征的实证分析［J］.金融理论与实践，2019（05）：9－17.
[30] Sarmistha Pal. Household sectoral choice and effective demand for rural credit in India［J］. Applied Economics，2002，34（14）：1743－1755.

[31] 马永强. 中国农户融资现状与民间借贷偏好分析——来自全国农户借贷调查问卷 [J]. 经济学家, 2011 (06): 28 - 37.

[32] 丁志国, 徐德财, 覃朝晖. 被动选择还是主观偏好: 农户融资为何更加倾向民间渠道 [J]. 农业技术经济, 2014 (11): 52 - 64.

[33] 李似鸿. 金融需求、金融供给与乡村自治——基于贫困地区农户金融行为的考察与分析 [J]. 管理世界, 2010 (01): 74 - 87.

[34] 周月书, 王雨露, 彭媛媛. 农业产业链组织、信贷交易成本与规模农户信贷可得性 [J]. 中国农村经济, 2019 (04): 41 - 54.

[35] 高彦彬. 家庭农场外源融资效率排序及其模式优选 [J]. 三农金融, 2013, (4): 110 - 115.

[36] 金为华, 吴竞择. 海南省家庭农场金融服务特征、存在问题及对策建议 [J]. 海南金融, 2013, (7): 79 - 81.

[37] Jane L., Glover. Capital Usage in Adverse Situations: Applying Bourdieu' s Theory of Capital to Family Farm Businesses [J]. Journal of Family and Economic Issues, 2010, (314).

[38] 仇娟东, 何风隽. 西部地区农户金融需求及其影响因素的实证分析 [J]. 石家庄经济学院学报, 2011, 34 (1): 25 - 31.

[39] 邓道才, 唐凯旋, 王长军. 家庭农场借贷需求和借贷行为的影响因素研究——基于安徽省 168 户家庭农场的调研数据 [J]. 宁夏社会科学, 2016, (4): 96 - 104.

[40] Ann Pomeroy. Resilience of family farm 1984 - 2014: Case studies from two sheep/beef hill country districts of New Zealand [J]. NEW ZEALANG GEOGRAPHER, 2015, (71): 146 - 158.

[41] 郭伊楠. 家庭农场融资问题研究 [J]. 三农金融, 2013, (3): 59 - 61.

[42] 张爱辉. 新农商时代家庭农场融资问题 [J]. 合作经济与科技, 2015, (5): 64 - 65.

[43] 张正宝, 栾香录. 我国家庭农场融资现状及制约因素分析 [J]. 农业经济, 2015, (12): 85 - 86.

[44] 江维国. 关于家庭农场发展中的金融支持体系构建的研究 [J]. 农村金融研究, 2014, (2): 75 - 77.

[45] 俞中. 合肥市家庭农场经营发展的融资现状研究 [J]. 财经论丛, 2015, 12 (1): 34 - 35.

[46] Tom Hertz. The Effect of Nonfarmer Income on Inverstment in Bulgarian Family Farming [J]. Agricultural Economics, 2009, 40 (2): 161 - 176.

[47] 范晓霞. 对家庭农场金融服务状况的调查分析——以山西省为例 [J]. 华北金融, 2013, (9): 19 - 20 + 48.

[48] 刘中升，陈骐，冯宗邦．改善农村金融体系 促进家庭农场发展［J］．宏观经济管理，2018，（8）：54－60.

[49] 路征，黄登清，李丽，林毅，吴振宇．我国家庭农场发展特征及其金融需求状况分析——基于3市424个家庭农场的入户调查［J］．农村金融研究，2016，（12）：59－64.

[50] 刘从磊．农村金融发展问题与解决途径研究［J］．农村经济与科技，2017，28（2）：81－82.

[51] 蒋国政．金融服务农业供给侧结构性改革的思考——以湖南永州为例［J］．金融发展评论，2016，（8）：50－58.

[52] 姜丽丽，仝爱华．家庭农场信贷需求及信贷约束影响因素的实证分析——基于宿迁市宿城区306家家庭农场的调查［J］．农村金融研究，2017，（15）：72－76.

[53] 马英杰，李妍．浅析邮政储蓄银行家庭农场金融服务的创新对策［J］．邮政研究，2017，33（2）：26－27.

[54] 房加帅．欠发达地区金融支持家庭农场的问题与对策研究——以大别山区65个家庭农场为例［J］．信阳师范学院学报（哲学社会科学版），2018，38（3）：40－44.

[55] 杨铁军．基于乡村振兴的新型农业经营主体金融服务研究——以黑龙江省为例［J］．商业经济，2018，（6）：113－116.

[56] 崔峰．河北省金融支持家庭农场发展的问题及对策［J］．管理观察，2018，（11）：81－82.

[57] 杨蕾，范千千．河北省金融支持家庭农场发展建议［J］．合作经济与科技，2016，（6）：50－52.

[58] Thompson, Wyatt, Mishra, Ashok K. Dewbre, Joe et al. Farm Household Income and Transfer Efficiency: An Evaluation of United States Farm Program Payments [J]. American journal of Agricultural Economics, 2009, (5): 1296－1301.

[59] Heaton J., D. Lucas. Portfolio Choice and Asset Prices: The Importance of Entrepreneurial Risk [J]. Journal of Finance, 2000, 55 (3): 1163－1198.

[60] Tsetlin I., R. L. Winkler. Risky Choices and Correlated Background Risk [J]. Management Sciences, 2005, (51): 1336－1345.

[61] Pratt J. W., Zeckhauser R. J. Proper Risk Aversion [J]. Econometric, 1987, (55): 143－154.

[62] Gollier C., Pratt J. W. Weak Proper Risk Aversion and the Tempering Effect of Background Risk [J]. Econometric, 1996, (64): 1109－1123.

[63] Elmendorf D. W., Kimball M. S. Taxation of Labor Income and the Demand for Risky Assets [J]. American Economic Review, 2000, (41): 801－832.

[64] Angerer X. H., Lam P. S. Income Risk and Portfolio Choice: An Empirical Study [J].

Journal of Finance, 2009, 64 (2): 1037 - 1055.

[65] 何兴强，史卫，周开国．背景风险与居民风险金融资产投资［J］．经济研究，2009，（12）：119 - 130.

[66] 张兵，赵雪蕊．背景风险对中国家庭风险金融资产的影响——基于 CHFS 微观数据的实证分析［J］．金融理论与实践，2015，（10）：52 - 56.

[67] Edwards R. D. Health Risk and Portfolio Choice [J]. Journal of Business & Economic Statistics, 2008, (26): 472 - 485.

[68] Dana Goldman, Nicole Maestas. Medical expenditure risk and household portfolio choice [J]. Journal of Applied Econometrics, 2013, 28 (4): 527 - 550.

[69] Edwards R. D. Optimal Portfolio Choice When Utility Depends on Health [J]. International Journal of Economic Theory, 2010, (6): 205 - 225.

[70] Rosen H. S. , Wu S. Portfolio Choice and Health Status [J]. Journal of Financial Economics, 2004, (72): 457 - 482.

[71] 雷晓燕，周月刚．中国家庭的资产组合选择：健康状况与风险偏好［J］．金融研究，2010，（1）：31 - 45.

[72] 吴卫星，荣苹果，徐芊．健康与家庭资产选择［J］．经济研究，2011，（51）：43 - 54.

[73] 李玮．家庭购买银行理财产品的影响因素研究——基于南京地区调研数据的分析［J］．金融纵横，2015，（6）：88 - 94.

[74] 胡振，何婧，臧日宏．健康对城市家庭金融资产配置的影响——中国的微观证据［J］．东北大学学报（社会科学版），2015，（2）：148 - 154.

[75] Berkowitz M. K. , J. Qiu. A Further Look at Household Portfolio Choice and Health Status [J]. Journal of Banking & Finance, 2006, (30): 1201 - 1217.

[76] Cardak B. A. , Wilkins R. The Determinants of Household Risky Asset Holdings: Australian Evidence on Background Risk and the Factors [J]. Journal of Banking and Finance, 2009, (33): 850 - 860.

[77] 周钦，袁燕，臧文斌．医疗保险对中国城市和农村家庭资产选择的影响研究［J］．经济学，2015，（3）：931 - 960.

[78] 李海荣，蔡明超．背景风险对居民风险资产投资的影响——基于长三角微观调查数据的实证研究［J］．上海金融，2016，（3）：16 - 22.

[79] Heaton J. , D. Lucas. Portfolio Choice and Asset Prices: The Importance of Entrepreneurial Risk [J]. Journal of Finance, 2000, 55 (3): 1163 - 1198.

[80] Heaton J. , D. Lucas. Portfolio Choice in the Presence of Background Risk [J]. Economic Journal, 2000, (110): 1 - 26.

[81] Shum P. , Faig M. What Explains Household Stock Holdings? [J]. Journal of Banking

and Finance，2006，（30）：2579 – 2597.

［82］Cocco J. F. Portfolio Choice in the Presence of Housing［J］. Review of Financial Studies，2005，（18）：535 – 567.

［83］吴卫星，齐天翔．流动性、生命周期与投资组合相异性——中国投资者行为调查实证分析［J］. 经济研究，2007，（2）：97 – 110.

［84］李涛，史宇鹏，陈斌开．祝福与幸福：幸福经济学视角下的中国城镇居民住房问题［J］. 经济研究，2011，（9）：69 – 82.

［85］叶德珠，魏乐乐，周丽燕．房产持有视角下家庭风险金融资产投资影响因素分析——基于 CHFS 数据的实证研究［J］. 产经评论，2015，（2）：137 – 147.

［86］Barasinska N.，Schafer D.，Stephan A. Individual Risk Attitudes and the Composition of Financial Portfolio：Evidence from German Household Portfolios［J］. Quarterly Review of Economics and Finance，2012，52（1）：1 – 14.

［87］Guiso L.，Jappelli T.，Terlizzese D. Income Risk，Borrowing Constraints，and Portfolio Choice［J］. American Economic Review，1996，（86）：158 – 172.

［88］Bertaut C. Stockholding Behavior of US Households：Evidence from the 1983 – 1989 Survey of Consumer Finances［J］. Review of Economics and Statistics，1998，（80）：263 – 275.

［89］李涛，郭杰．风险态度与股票投资［J］. 经济研究，2009，（2）：56 – 67.

［90］曹凤岐．建立和健全中小企业信用担保体系［J］. 金融研究，2001（05）：41 – 48.

［91］赵家敏，黄英婷．我国商业银行中小企业信用评级模型研究［J］. 金融论坛，2006（04）：16 – 20.

［92］康书生，鲍静海，史娜，李纯杰．中小企业信用评级模型的构建［J］. 河北大学学报（哲学社会科学版），2007（02）：26 – 33.

［93］樊锰，汪媛雏，张竹海，仇新卫．基于 AHP 法的中小企业信用评级模型研究［J］. 财会通讯，2010（06）：139 – 142.

［94］胡愈，许红莲，王雄．农户小额信用贷款信用评级探究［J］. 财经理论与实践，2007（01）：30 – 33.

［95］张平．中国农村小额信贷风险管理研究［D］. 西北农林科技大学，2012.

［96］许爱萍，沈英莉．中国家庭农场的金融支持：困境、功能定位及体系构建［J］. 世界农业，2015，（8）：38 – 43.

［97］周月书，殷悦，于嘉茵．家庭农场信贷可获性影响研究——基于江苏宜兴与睢宁家庭农场的调查［J］. 农业经济与管理，2016，（3）：78 – 85.

［98］张营周．从金融需求视角看中部地区农村金融改革［J］. 农村经济，2009，（6）：71 – 74.

［99］熊长城，巩建权，范承，文琦鸿．贫困地区农户金融需求的调查与启示——以四

川省巴中市17个乡镇47个村为例［J］. 社会与经济，2008，17（1）：67－70.
［100］孔晴，陈亮. 农户的金融需求特征及制约因素分析——基于甘肃省2000户农户的调查与分析［J］. 调研世界，2010，（10）：39－41.
［101］贾澎，张攀峰，陈池波. 基于农业产业化视角的农户融资行为分析——河南省农民金融需求的调查［J］. 财经问题研究，2011，（2）：95－101.
［102］邓芬芬. 差异性农户金融需求与同质性金融供给问题研究——基于湖南永州市240户农户金融供需状况调查［J］. 一线调研，2014，86（10）：203－205.
［103］杨红丽，甘海燕. 新疆农村普惠金融服务创新的思考——基于农户金融需求的视角［J］. 新疆财经，2016，（3）：72－80.
［104］黄健. 农户金融需求变化与农村金融服务供给——对湖南省834户农户和56位县长的问卷调查［J］. 金融经济，2010，（5）：44－46.
［105］杨汝岱，陈斌开，朱诗娥. 基于社会网络视角的农户民间借贷需求行为研究［J］. 经济研究，2011，（11）：116－129.
［106］程杨，刘清华，吴锟. 城乡一体化背景下中国西部地区农户金融需求及其影响因素研究［J］. 世界农业，2014，（5）：194－199.
［107］李乐，刘涛，王蕾. 农村金融需求的现状及影响因素——基于对成都市农户的调查［J］. 金融论坛，2011，（6）：74－79.
［108］李日，王选庆. 国有农场融资困境与农地金融制度构建［J］. 金融理论与实践，2008，（3）：27－29.
［109］万芹. 家庭农场融资问题研究［J］. 财政监督，2013，（17）：44－46.
［110］张霞. 浙江省家庭农场金融支持的现状、问题及对策研究［J］. 浙江农业学报，2015，27（6）：1096－1101.
［111］仵志忠. 信息不对称理论及其经济学意义［J］. 经济学动态，1997（01）：66－69.
［112］王宪全. 试论商业银行贷款过程中的信息不对称问题［J］. 金融论坛，2003（03）：50－54.
［113］何婧. 涉农网络借贷平台的信息不对称缓释机制研究［J］. 农业经济问题，2020（04）：89－97.
［114］王蕾，张向丽，池国华. 内部控制对银行信贷风险的影响——信息不对称与代理成本的中介效应［J］. 金融论坛，2019，24（11）：14－23＋54.
［115］张笑，胡金焱. 地理距离、信息不对称与借款人违约风险［J］. 山东大学学报（哲学社会科学版），2020（01）：143－153.
［116］付海龙. 我国中小企业信用评级研究［D］. 吉林大学，2005.
［117］林毅夫，孙希芳. 信息、非正规金融与中小企业融资［J］. 经济研究，2005（07）：35－44.

[118] 赵学军．信用担保制度的变迁与农户融资的困境——兼论农村金融体系建设中担保体系建设优先性［J］．中国经济史研究，2014（04）：129－140.

[119] 张三峰，王非，贾愚．信用评级对农户融资渠道选择意愿的影响——基于10省（区）农户信贷调查数据的分析［J］．中国农村经济，2013（07）：72－84.

[120] 邓超，胡威，唐莹．国内外小企业信用评分研究动态［J］．国际金融研究，2010（10）：84－91.

[121] 李爽．S农商银行中小企业信用评级体系的优化研究［D］．沈阳工业大学，2017.

[122] 刘建水．国外现代家庭农场研究［J］．当代农村财经，2016，（10）：58－61.

[123] 刘雨欣，张一豪，丁友乐，郭翔宇．俄罗斯家庭农场发展历程与现状分析［J］．世界农业，2017，（2）：26－30.

[124] 宗瑛．日本家庭农场发展经验对我国的启示［J］．产能经济，2015，（24）：321.

[125] 田伟，谢丹，肖融．国外家庭农场支持政策研究［J］．世界农业，2016，（9）：86－93.

[126] 朗秀云．家庭农场：国际经验与启示——以法国、日本发展家庭农场为例［J］．毛泽东邓小平理论与研究，2013，（10）：36－41＋91.

[127] 李由甲．美、法、日三国家庭农场的发展经验及其启示［J］．农业经济，2016，（10）：6－8.

[128] 左月华，雷娅雯，许飚．社会腐败、企业经营状况与商业信用融资——基于我国大陆地区与香港地区零售业的面板数据检验［J］．财经论丛，2015，（8）：65－73.

[129] 吕劲松．关于中小企业融资难、融资贵问题的思考［J］．金融研究，2015，（11）：115－123.

[130] 热依拉·依里木，刘明．关系资本、嵌入性与农户借贷——基于新疆田野调查数据［J］．金融与经济，2018，（1）：43－50.

[131] 张琳琬，吴卫星．风险态度与居民财富——来自中国微观调查的新探究［J］．金融研究，2016，430（4）：115－127.

[132] 陈六傅，刘厚俊．人民币汇率的价格传递效应——基于VAR模型的实证分析［J］．金融研究，2007，（4）：1－13.

[133] 曹伟，赵颖岚，倪克勤．汇率传递与原油进口价格关系——基于非对称性视角的研究［J］．金融研究，2012，（7）：123－136.

[134] 张宇山．多元线性回归分析的实例研究［J］．科技信息，2009，（9）：54－56.

[135] 蔡真，汪利娜．住宅市场的价格特征：以北京为例［J］．金融评论，2012，（6）：11－34.

[136] 王济川，郭志刚．Logistic回归模型：方法与应用［M］．北京：高等教育出版社，2001.

[137] Guiso L., Paiella M., Risk Aversion, Wealth, and Background Risk [J]. Journal of the European Economic Association, 2008, 6 (6): 1109 - 1150.

[138] 杜金富. 地方金融机构首要解决地方金融服务可得性问题 [J]. 全国地方金融第十六次论坛, http: //business. sohu. com/20121126/n358715260. shtml.

[139] 尹志超, 吴雨, 甘犁. 金融可得性、金融市场参与和家庭资产选择 [J]. 经济研究, 2015, (3): 87 - 99.

[140] 廖婧琳, 王聪. 制度环境差异与居民金融市场参与——基于各国经济制度环境差异的比较 [J]. 经济体制改革, 2017, (3): 176 - 182.

[141] 于丽红, 兰庆高, 戴琳. 不同规模农户农地经营权抵押融资需求差异及影响因素——基于626个农户微观调查数据 [J]. 财贸经济, 2015, (4): 74 - 84.

[142] 杜宇能, 谢大宇, 王芊. 农户土地经营权抵押贷款需求的影响因素分析 [J]. 东北农业大学学报 (社会科学版), 2017, 15 (1): 9 - 17.

[143] 吴卫星, 吴锟, 张旭阳. 金融素养与家庭资产组合有效性 [J]. 国际金融研究, 2018, (5): 66 - 75.

[144] Yoong Joanne. Financial Illiteracy and Stock Market Participation: Evidence from the RAND American Life Panel [R]. Pension Research Council Working Paper, 2010: 29.

[145] Van Rooij M., Lusardi A., Alessie R. Financial Literacy and Stock Market Participation [J]. Journal of Financial Economics, 2011, (101): 449 - 472.

[146] Agnew J. R., Bateman H., Thorp S. Financial Literacy and Retirement Preparation in Austria [J]. Numeracy, 2013, 6 (2): 1 - 28.

[147] Christelis D., D. Georgarakos, M. Haliassos. Differences in Portfolios across Countries: Economic Environment versus Household Characteristics [J]. Review of Economics and Statistics, 2013, 95 (1): 220 - 236.

[148] 尹志超, 宋全云, 吴雨. 金融知识、投资经验与家庭资产选择 [J]. 经济研究, 2014, 49 (4): 62 - 75.

[149] 胡振, 臧日宏. 风险态度、金融教育与家庭金融资产选择 [J]. 商业经济与管理, 2016, 298 (8): 64 - 76.

[150] 吴锟, 吴卫星. 理财建议可以作为金融素养的替代吗? [J]. 金融研究, 2017, (8): 161 - 176.

[151] Guiso L., Jappelli T. Financial Literacy and Portfolio Diversification [R]. EUI Working Paper, 2008.

[152] 曾志耕, 何青, 吴雨, 尹志超. 金融知识与家庭投资组合多样性 [J]. 经济学家, 2015, (6): 86 - 94.

[153] Lusardi A., Mitchell O. Baby Boomers Retirement Security: The Role of Planning, Financial Literacy and Housing Wealth [J]. Journal of Monetary Economics, 2007,

(54): 205 - 224.

[154] 刘松涛，王毅鹏，王林萍. 家庭风险金融资产投资行为及其影响因素分析——基于家庭禀赋视角和 CGSS2013 数据 [J]. 湖南农业大学学报（社会科学版），2017，18（6）：106 - 113.

[155] Shleifer A. Inefficient Markets: An Introduction to Behavioral Finance [J]. Oxford University Press.

[156] Hermalin B., A. Isen. A Model of the Effect of Affect on Economic Decision Making [J]. Quantitative Marketing and Economics, 2008, (6): 17 - 40.

[157] Guven C. Reversing the Question: Does Happiness Affect Consumption and Savings Behavior? [J]. Journal of Economic Psychology, 2012, (33): 701 - 717.

[158] 叶德珠，周丽燕，乐涛. 幸服满意度与家庭金融资产选择 [J]. 金融评论，2014，(4)：37 - 49.

[159] 臧日宏，王宇. 社会信任与城镇家庭风险金融资产投资——基于 CFPS 数据的实证研究 [J]. 南京审计大学学报，2017，(4)：55 - 65.

[160] Guiso L., M. Haliassos, T. Jappelli. Household Portfolios: An International Comparison [R]. Working Paper, 2000.

[161] Mccarthy D. Household Portfolio Allocation: A Review of Literature [J]. Clinical Orthopedics and Related Research, 2014, 106 (4): 357 - 385.

[162] 王聪，姚磊，柴时军. 年龄结构对家庭资产配置的影响及其区域差异 [J]. 国际金融研究，2017，(2)：76 - 86.

[163] 张敏学. 我国家庭风险金融资产投资研究——基于社会医疗保险的视角 [J]. 宁夏大学学报（人文社会科学版），2017，39（2）：145 - 158.

[164] 魏先华，张越艳，吴卫星，肖帅. 我国居民家庭金融资产配置影响因素研究 [J]. 管理评论，2014，26（7）：20 - 28.

[165] 陈其进，陈华. 中国居民个体风险态度及影响因素分析——基于城镇居民、农民工和农村居民的对比研究 [J]. 上海经济研究，2014，(12)：78 - 89.

[166] 宋炜，蔡明超. 劳动收入与中国城镇家庭风险资产配置研究 [J]. 西北人口，2016，37（3）：26 - 31.

[167] 张号栋，尹志超. 金融知识和中国家庭的金融排斥——基于 CHFS 数据的实证研究 [J]. 金融研究，2016，433（7）：80 - 85.

[168] 聂荣，闫宇光，王新兰. 政策性农业保险福利绩效研究——基于辽宁省微观数据的证据 [J]. 农业技术经济，2013，(4)：69 - 76.

[169] 宁满秀，邢郦，钟甫宁. 影响农户购买农业保险决策因素的实证分析——以新疆玛纳斯河流域为例 [J]. 农业经济问题，2005，(6)：38 - 45.

[170] 杨新顺，林新. 昌吉州农户政策性农业保险投保意愿分析 [J]. 武汉商学院学报，

2018, 32 (2): 71 - 74.

[171] Cheryl R. Doss, John G. Mcpeak. Are Household Production Decitions Cooperative? Evidence on Pastoral Migration and Milk Sales from Northern Kenya [J]. American Journal of Agricultural Economics, 2006, 88 (3): 525 - 541.

[172] Andrew Dorward. Market and Pro-poor Agricultural Growth: Insights from Livehood and Informal Rural Economy Models in Molawi [J]. Agricultural Economics, 2006, (35): 157 - 169.

[173] 周海洋，张遵东. 贵州省松桃县政策性水稻保险农户需求的影响因素 [J]. 贵州农业科学，2016，44 (12)：169 - 174.

[174] 王伟，田杰，杜军，李建平. 政策性农业保险试点省份农户参保意愿实证研究——以河南为例 [J]. 金融理论与实践，210，(1)：35 - 38.

[175] 王尔大，于洋. 农户多保障水平下的作物保险支付意愿分析 [J]. 农业经济问题，2010，(7)：61 - 69.

[176] 李小勍. 政策性农业保险的需求意愿及影响因素分析——基于山东省试点地区的农户问卷调查 [J]. 东岳论丛，2010，31 (8)：108 - 110.

[177] 李敏强，纪仕光，郭子杰，寇纪淞. 商业银行的模糊授信决策研究 [J]. 系统工程学报，1997 (02)：59 - 66.

[178] 朱顺泉，李一智. 基于层次分析模糊综合评判法的商业银行信用评级 [J]. 统计与信息论坛，2002 (01)：29 - 33.

[179] 刘照德，詹秋泉，田国梁. 因子分析综合评价研究综述 [J]. 统计与决策，2019，35 (19)：68 - 73.

[180] 王小明. 商业银行信用风险评级测度方法研究 [J]. 财经研究，2005 (05)：73 - 82.

[181] 李增玉. 甘肃省农村信用社农户信用评级体系改进研究 [D]. 兰州大学，2019.

[182] 郑秀君. 基于互联网金融指标和环境效益指标的绿色债券综合信用评级研究 [J]. 征信，2017，35 (10)：67 - 75.

[183] 叶文辉. 大数据征信机构的运作模式及监管对策——以阿里巴巴芝麻信用为例 [J]. 国际金融，2015 (08)：18 - 22.

[184] 胡兆钧. 小微企业客户违约与交易流水之间关系的实证研究 [D]. 上海交通大学，2017.

[185] 刘倩. 共生视角下我国家庭农场经营模式的选择 [J]. 台湾农业探索，2014，(6)：31 - 36.

[186] 李湘，纪秀风. 互联网金融下新型农业经营主体融资创新研究——以山东省为例 [J]. 农村金融研究，2018，(1)：58 - 61.

[187] 蒲丽娟. 农村反贫困战略下我国农村普惠金融体系构建研究 [J]. 改革与战略，

2018，(2)：11－19.

[188] 靳淑平，王济民．规模农户信贷资金需求现状及影响因素分析［J］．农业经济问题，2017，(8)：52－58.

[189] 李全利．新农合制度构建及费用治理创新研究［J］．学习与实践，2018，(3)：99－104.

附录一　金融需求调查问卷

“家庭农场的融资困境及其对策分析”调查问卷

您好！我们是江西师范大学学生。为了充分了解家庭农场金融需求的特征及其影响因素，以探究家庭农场的融资困境并向农场主提供实质性的帮助，我们特进行此次匿名调查。本问卷只用于统计分析，不会向外公开，所以希望能够得到您的理解和配合。耽误您的时间我们感到非常抱歉，也非常感谢您的耐心和真诚合作！

请根据您的选择在相应的“□”内打勾，或者在“________”上填写合适的答案，或者在“（　）”内填写相应的答案序号。

1. 性别________；农场主年龄________

2. 您的家庭农场位于

□上海　□江西

3. 您的受教育程度是

□小学以下　□小学　□初中　□高中　□中专　□大专　□本科及以上

4. 您购买了下列哪些保险？（可多选）

□社会养老保险　□社会医疗保险　□商业养老保险　□商业健康保险　□无

5. 假如让您花钱玩一个游戏。让您在一个装有 100 个球（其中 50 个红球，50 个黑球）的罐子中随意取出一个球。如果它是红球，你可以获得 2500 元，如果它是黑球，您将一无所得。您最多愿意花多少钱玩这个游戏？

□不玩　□愿意花________元

6. 如果有一笔资产，您将选择下列哪种投资项目？

□高风险、高回报的项目　　□略高风险、略高回报的项目

□平均风险、平均回报的项目　□略低风险、略低回报的项目

□不愿意承担任何风险

7. 您家庭总人口________人；父辈及以上老人________人；子辈小孩________人；孙辈及以下小孩________人（仅考虑直系亲属）

8. 您认为整个家庭健康状况如何？

□非常好　□较好　□一般　□较差　□非常差

9. 您家庭每年支付的医疗费用大约是

□几乎没有　□较少　□一般　□较多　□非常多

10. 您家庭持有或曾经持有过下列哪些金融资产？（可多选）

□股票　□债券　□基金　□银行理财产品　□外汇　□期货　□期权等衍生品　□无

11. 您家庭持有的上述金融资产估值大约是

□无　□0～5 万　□5 万～10 万　□10 万～15 万　□15 万～20 万　□20 万～30 万　□30 万～50 万　□50 万～100 万　□100 万以上

12. 您家庭持有的所有房产总估值大约是

□0～25 万　□25 万～50 万　□50 万～75 万　□75 万～100 万　□100 万～125 万　□125 万～150 万　□150 万～175 万　□175 万～200 万　□200 万以上

13. 您家庭总资产（银行存款、上述金融资产、房产、土地、设备等）大约有

□0～25 万　□25 万～50 万　□50 万～75 万　□75 万～100 万　□100 万～125 万　□125 万～150 万　□150 万～175 万　□175 万～200 万　□200 万～300 万　□300 万以上

14. 您的家庭总负债大约有

□无　□0～5 万　□5 万～10 万　□10 万～15 万　□15 万～20 万　□20 万～30 万　□30 万～50 万　□50 万～100 万　□100 万以上

15. 您家庭收入的主要来源有（可多选）

□家庭农场收入　□财产性收入　□工资性收入　□其他业务收入

16. 您家庭年均总收入大约是

□0～5 万　□5 万～10 万　□10 万～15 万　□15 万～20 万　□20 万～30 万　□30 万～50 万　□50 万～100 万　□100 万～150 万　□150 万以上

17. 您对未来家庭收入的预期是

□大幅上升　□上升　□比较平稳　□下降　□大幅下降　□不确定

18. 您对家庭财富水平是否满意?

□非常满意　□比较满意　□一般　□不满意　□非常不满意

19. 您家庭农场的经营类型和服务项目有（可多选）

□粮食作物　□经济作物　□家禽类　□牲畜类　□水产类

□果蔬采摘　□旅游观光　□农家乐　□其他服务项目________

20. 您现有家庭农场的经营规模约有________亩；其中自有土地约有________亩

21. 您的家庭农场年收入大约是

□0～5万　□5万～10万　□10万～15万　□15万～20万　□20万～30万　□30万～50万　□50万～100万　□100万～150万　□150万以上

22. 您的家庭农场年支出大约是

□0～5万　□5万～10万　□10万～15万　□15万～20万　□20万～30万　□30万～50万　□50万～100万　□100万～150万　□150万以上

23. 您对自己家庭农场经营状况的评价是

□非常差　□比较差　□一般　□比较好　□非常好

24. 对于您的家庭农场来说，目前面临的最大困难或问题是

□资金　□土地　□生产技术　□管理能力　□天灾　□家庭劳动力缺乏　□其他________

25. 您认为向银行类金融机构借款的难易程度是

□非常容易　□比较容易　□一般　□比较困难　□非常困难　□没有借过款，不发表意见

26. 您认为每月偿债压力如何?

□没有借债　□非常轻松　□比较轻松　□一般　□比较困难　□非常困难

27. 您获得借款的抵（质）押、担保形式是（可多选）

□农机具、存货、厂房、大棚等　□农地承包经营权　□宅基地　□现金流　□应收账款　□大额订单　□涉农直补资金　□“公司＋农户”　□专业合作社　□信用借款　□房产　□其他________　□没有借过款

28. 您曾通过以下哪些渠道获得过借款？（可多选）

□没有借过款　□银行类金融机构　□民间贷款机构　□亲朋好友（人情债）　□个人或地下钱庄（高利贷）　□供货商赊销　□P2P（互联网小额贷款公司）　□众筹　□农分期等赊销机构　□其他________

29. 您最希望通过以下哪个渠道进行借款？

□银行类金融机构　□民间贷款机构　□亲朋好友　□个人或地下钱庄　□P2P　□众筹　□供货商赊销　□其他________

30. 为什么？（接上题）（可多选）

□可借资金更多　□利率更低　□资信要求更低　□借款期限更长　□手续更简单　□不需要考虑人情　□安全性较高　□其他________

31. 您认为向银行类金融机构借款存在的问题有（可多选）

□可借资金较少　□利率较高　□资信要求较高　□手续繁琐　□要有关系　□借款期限不足　□审核时间长　□借款用途受限　□没有借过款，不发表意见

32. 您在以下哪个阶段出现过资金短缺的情况？（可多选）

□准备期　□生产期　□加工期　□销售期　□没有出现过　□其他________

33. 您借款的用途主要有（可多选）

□购置农机具　□租借农机具　□支付土地租金　□修建水利、田路等基础设施　□农产品加工　□农产品销售　□购买生产资料　□支付工资　□购买农资（种子、化肥等）　□其他________　□没有借过款

34. 您是否了解金融机构的涉农产品？（可多选）

□完全不了解　□一般了解　□非常了解

□了解但未接受过涉农产品服务　□接受过涉农产品服务

35. 您参加过以下哪些单位涉农金融产品的相关宣传？（可多选）

□政府部门　□银行类金融机构　□民间贷款机构　□互联网金融机构　□其他________　□未参加过

36. 您觉得购买农业保险对借款审批通过是否有所帮助？（可多选）

□有帮助　□无帮助　□没有听说过农业保险　□听过但没购买过　□购买过

37. 您对农业保险的需求意愿是

□不强烈　□比较强烈　□十分强烈　□不清楚

38. 您是如何参与农产品期货市场？（可多选）

□直接参与　□通过“公司 + 农户”的方式由公司参与　□通过“专业合作社”由专业合作社参与　□通过其他方式参与　□没有听过农产品期货　□听过但没有参与过

39. 您接受过以下哪个部门的农产品期货宣传或指导？（可多选）

□没有接受过　□政府部门　□金融机构　□期货机构　□其他________

附录二　访谈记录

新浜镇人民政府农办副主任，2017 年 8 月 2 日下午 3 点

副主任：种子化肥不需要自己买。打个比方，比如水稻，到时候是会补贴给你的，涉及不到什么融资。

我：上午看了很多农田，哪些农机具是怎么使用的？

副主任：农机具基本都有合作社。

我：农机一体合作社？

副主任：对对对。农机一体合作社如果买的话，（松江）区里面是有几个指标的，好像是补贴一半，所以家庭农场不需要融资的。它主要一开始如果成为了家庭农场，你只要把前期租赁费缴纳就行了。

我：基本上没有什么后续问题了是吗？

副主任：没有问题，所以不涉及融资。

我：农户是否有购买保险？

副主任：保险的话，他们没有保险的。个人都没有保险。它（家庭农场）等于像是自由职业一样，要买也是自己买，和家庭农场无关的。

我：我们想了解一下农户的资金构成，是否有购买期货、理财产品等？

副主任：现在的农户有这么高档吗？我觉得没有。有好多农户字都不认识的。

新浜镇人民政府农办主任，2017 年 8 月 2 日下午 3 点 4 分

主任：我们没有融资的。整个上海市的家庭农场都没有融资。我们这里有免息贷款，银行、政府提供的。我们这的家庭农场、种田大户都是直接交田租的，国家有一部分的补贴。

我：贷款的额度大概是？足够吗？

主任：对。现在的话他们免息贷款都不需要。水稻种子免费提供，配送农药。他们的一切生产资料都是在种植之前提供的。

我：那这里农户收入水平怎样？

职员：一般来说，纯收入有六、七万。

我：每户的面积看起来都蛮大的。

主任：对，上面要求是达到150亩。

我：这边家庭农场的认证标准是？

主任：不是认证标准，我们这边有家庭农场的准入条件。准入条件根据各个村的实际而不同。

我：那什么人有资格包田？

职员：一般我们是通过专门的老党员老干部，成立评议小组来评选。

我：免息贷款只要申请，基本上符合条件的都能申请到吗？

主任：对的。按照实际讲，你经营的面积，比如50亩地，他会给你50亩的额度。在额度之内，你实际再种植的话，我们农办这边盖章，证明你需要这份资金。资金每年年底都要还的，然后再根据需要贷款。是政府补贴贴给银行的，银行放出来是无息的。我们这边保险公司都很健全，保险公司有最低产量（收入）的保险。

我：请问这边会培养农户的期货意识吗？

主任：不会。我们只是培养年轻的、有知识有文化的种田接班人。所以现在家庭农场主的平均年龄一直在下降。政府提供免费培训。

新浜村村民　高女士　56岁，2017年8月2日下午6点半

我：这附近的水稻田都是人工插的吗？

她：人工的也有，机器的也有。

我：这边的地一般是别人来承包的吗？

她：不是，都是我们村的。一户人家都有150亩。

我：农户都住这吗？

她：不全是。有些在松江区住，在那里有工作，农忙的时候会来管理下。现在省力了，不种小麦了，只种水稻，还可以。

我：承包方式是怎样的？

她：现在是抽签决定的，没有抽到就没有资格承包。抽到了要交钱，上面规定一户要承包150亩的，大概要交租赁费12万。

我：当地对承包农地有补贴吗？

她：不补的，没有钱就借嘛，找亲戚朋友。

我：为什么不向政府借呢，不是有免息贷款吗？

她：借不到的。贷的少，没有办法才去贷款。贷款也麻烦呀！一般先问亲戚朋友借点，等到年底收了钱再还。一般免息贷款的人挺少的。上面每年会拨点钱下来，有些人贷款买房子，不买房子去哪娶老婆！

我：农办主任说种子是免费的，农药也配送，是吗？

她：是有的。农药配得少的时候，自己还要买点。现在肥料价格贵，补贴不够的。在年底以资金的方式补贴，补贴比以前要少。

我：听说松江区的家庭农场都发展得不错，怎么会要去做其他工作呢？

她：还要看管理的，好的话才好。

我：什么时候会出现资金紧张呢？

她：肥料、人工。工资一天一百，一天大概工作 8 个小时。现在也不好叫人了，大家都不愿做。

我：租金什么时候交的？

她：年底收成的时候交。

我：一年收入大概有多少？

她：到手的钱大概有十几万。17 年开始实行这样承包的。

我：为什么现在人少地多？

她：上面规定的。强制性的。

我：那些之前种田的人不种地都干什么去了？

她：都出去打工了。

我：那村里对这些“丢地”的人有补偿吗？

她：没有补偿的，这是抽签决定的。

我：这里的农户一般是多少岁？

她：60 岁以上不能做。我们村没有年轻的农户，别的村有。

我：外村的人能来承包地吗？

她：只有我们新浜村的人才能抽签分地。

新浜村村民　林大爷　75 岁，2017 年 8 月 3 日下午 6 点

我：地租每年多少呢？什么时候交？

他：每年每亩 800 多点，我们家 150 亩地，一年大概 12 万。承包地的时候就要交咯，以后再是每年收成的时候交。

新浜村农户　施先生　50岁左右，2017年8月3日上午8点

我：粮食的收购价格如何？

他：粮食价格太低。种田辛苦，四十一、二度还要在田里干活。水稻才1.5元，要提高啊。

我：你们会去借无息贷款吗？有需要的时候吗？

他：我们就算需要也办不到。

我：为什么呢？

他：我不知道。这个政策一时有，一时没有。这个不可靠啊，一般情况下办不到的。很少的。

我：贷款条件比较严苛？

他：对呀！我们农民既然到你这里贷款，哪还有什么条件啊，就是两间破房子，你拿去好了，要抵押咯，有什么办法。

我：你们一定要拿东西抵押吗？

他：对的，最起码要房屋抵押。像我们本来种田又赚不到钱，那么多的田，成本也很大，农药和化肥的支出都很大，稻谷又不长。

我：种子不是免费提供的吗？

他：种子要多少钱咯！一亩地如果七、八斤，要什么免费不免费的，我们自己也能出。

我：配送的农药够用吗？

他：不够的，哪里够用。配送的还是自己出钱的，价格很贵。

我：配送也要自己出钱吗？

他：120块钱左右一亩地嘞。你们不知道，当时政府送的哦。政府配送的农药比零售的还要贵，同样的药（要贵20%~30%）。

我：配送的农药一定要买吗？

他：必须的。你不买的话，明年你还想承包这个地吗？他不是配送，是强制性的。

我：那你们买农药化肥的话，是在供应商那买吗？

他：零售价。我们哪里到供应商那里去买，弄不到的。

我：那你们这每亩地是怎么的？

他：水稻每亩400多，红花草每亩150，不种的地每亩200。自己交田租800多。其实种一亩地出了300多（除了红花草）。

我：你们每年每亩地租金多少？

他：860左右。

我：租金什么时候开始交呢？

他：承包地的时候就要交了，你要种就得交的。

我：资金什么时候会紧张呢？

他：买农药化肥的时候。

我：您为什么不愿意去贷款呢？不是有无息贷款吗？

他：贷来干嘛呀，无息贷款也是要还的咯。

我：您一般是只会向亲朋好友借款是吗？

他：对。

我：也没有考虑过银行吗？

他：银行，我们这种人借得到吗？他们怕我们还不出来，看到我们就怕了，还借。你要无息贷款可以的，市区房子有没有啊？破房子不要。只要市区房子，要房产证的。

我：那你们可以用田地担保吗？

他：地是政府的，用什么担保啊。

我：那你们平常雇人的吗？

他：雇。现在都雇不到人啊，都是七八十岁的。

我：人工工资贵吗？

他：贵啊，一百块一天的。

叶榭镇东勤村　若干农场主，2017年8月5日上午10点

我：是否有资金紧张的时候？

他们：没有，我们现在年纪大了，不需要借钱。

我：您觉得向银行借款难不难？

他们：不难，要借也是可以的。

我：向银行借款需要什么担保呢？

他们：房子嘛。

我：现在大多数年轻人好像都外出工作去了，不愿意在农地上帮忙，你们是否会缺乏劳动力？

他们：这不要太多啊，现在都轮不上我们老的（承包）了。

我：那年轻人会去承包吗？

他们：这里不就一个嘛，他签合同承包了20年。

我：那还会请人来帮忙吗？

他们：会的，会请一点。

我：那工资高吗？

他们：贵咧，一个老太婆一天 8 个小时要 100 块钱。

我：那你们把地承包出去能获得补贴吗？

他们：有的，一亩土地 500 斤稻子，每年稻子价格都不一样，大概 700 多。

我：那你们每亩地都有哪些类别的补贴？

他们：有的，区里有财政补贴。种水稻补贴 200 多每亩，麦子不补，此外其他作物如红花草补贴 150，农药、化肥补贴 30%，农机具补贴 50%。

我：配送的农药、化肥价款什么时候上交？

他们：年末。

我：配送的农药、化肥价款是否比零售店要贵？

他们：当然贵咯，这年头什么都贵。

我：你们在经营过程中什么支出占比最大？

他们：农药、化肥、人工。

我：你们如何确定承包资格？

他们：村民代表、老干部、老党员评选。

我：那要具备什么条件？

他们：年龄，18～60 岁。

我：养老保险是政府给你们买的吗？

他们：这是自愿的。自己交 900，政府给你交 900。

我：那你们听说过政府无息贷款吗？贷过吗？

他们：可以去贷的，但是好麻烦，又要担保人，又要压房子。

我：农村里的房子也行吗？

他们：可以的。

他们：我们一般都是去亲戚那里借的，不去贷款。

叶榭镇井凌桥村　农场主，2017 年 8 月 7 日上午 9 点半

我：你觉得在经营过程中哪方面支出比较多？

他：现在支出比较多嘛，就是天灾嘛。天气不好，下雨啊，稻子也会不好。

我：那雇人来劳作会不会花费很多？
他：也多的，现在劳动工资很高的，一天一百多块钱。
我：在雇人方面基本上要花多少钱？
他：雇别人大概要 2 万左右。
我：是一年还是一季？
他：一季。
我：那一年不是要种两季？
他：这里只种一季。
我：你们这边是怎样承包土地的？
他：是在农民那里流转出来的。
我：那你们是否要给那些流转土地出来的农民一些补贴吗？
他：我们要付的，900 多一亩地。
我：那你觉得贵吗？
他：慢慢付吧。
我：那你们什么时候交钱呢？
他：第一次是一开始，后面是 11 月份左右。
我：那你们原来自有的土地是自己种还是流转出去？
他：我们集中起来包给（别的）农场主。
我：那你们这里的农田是怎么补贴的？
他：就是镇里、区里补贴总计 260。
我：如果没有政府的补贴，对您的经营是否会造成影响？
他：那肯定会的咯，没有补贴一定会亏的。
我：您申请过政府的无息贷款吗？或者说会去申请吗？
他：这个，不必要吧。
我：像您这农药又要钱，雇人也要钱，会出现资金紧张的时候吗？
他：紧张嘛，就向最最亲的亲戚借。
我：那您从来没有贷过款？
他：在种水稻上没有，就是买房子贷过款（向银行）。

附录三　信用评级指标权重调查问卷

尊敬的先生/女士：

您好！您现在看到的是关于家庭农场（农户）信用评级指标权重的调查问卷，此问卷为了确定每个指标在评级体系中的权重，请您根据工作经验对每个指标进行打分，您的回答对于我们改善家庭农场（农户）现有信用评级或体系有很重要的帮助，请您真实地表达您的意见和看法。感谢您的配合（调查结果将被保密，只作为研究使用）。

打分规则：每组的指标两两比较，分数从 1 到 9，分值越大，表明该指标在其所在组比另外一个指标越重要，重要程度比较标准见表 A. 1。

表 A. 1　重要程度比较标准

含义	标度（量化值）	说明
同等重要	1	两因素比较，具有相同的重要性
稍微重要	3	两因素比较，一个因素比另外一个因素稍微重要
较强重要	5	两因素比较，一个因素比另外一个因素较强重要
强烈重要	7	两因素比较，一个因素比另外一个因素重要的多
极端重要	9	两因素比较，一个因素比另外一个因素极端重要
	2，4，6，8	两相邻判断的中间值
倒数	若因素 A 与 B 相比，比较值等于 a，则 B 与 A 相比，比较值等于 1/a	

请对定性指标中各二级指标的重要性打分，见表 A. 2。

表 A. 2　定性评价各指标重要性比较

一指标	另一指标	打分（1 ~9 分）
家庭结构	社会网络	—

请对家庭结构中各指标的重要性打分，见表 A. 3。

表 A.3　家庭结构各指标重要性比较

一指标	另一指标	打分（1~9分）
户主健康程度	受教育程度	—
户主健康程度	婚否情况	—
户主健康程度	家庭关系	—
受教育程度	婚否情况	—
受教育程度	家庭关系	—
婚否情况	家庭关系	—

请对社会网络中各指标的重要性打分，见表 A.4。

表 A.4　社会网络各指标重要性比较

一指标	另一指标	打分（1~9分）
社会地位	邻里关系	—
社会地位	地区经济发展状况	—
社会地位	惠农补助收入力度	—
邻里关系	地区经济发展状况	—
邻里关系	惠农补助收入力度	—
地区经济发展状况	惠农补助收入力度	—

请对定量指标中各二级指标的重要性打分，见表 A.5。

表 A.5　定量评价各指标重要性比较

一指标	另一指标	打分（1~9分）
网络信用	偿债能力	—

请对网络信用中各指标的重要性打分，见表 A.6。

表 A.6　网络信用各指标重要性比较

一指标	另一指标	打分（1~9分）
网络信用分	征信查询次数	—
网络信用分	银行信贷次数	—

续表

一指标	另一指标	打分（1~9分）
网络信用分	银行流水	—
征信查询次数	银行信贷次数	—
征信查询次数	银行流水	—
银行信贷次数	银行流水	—

请对偿债能力中各指标的重要性打分，见表 A.7。

表 A.7　偿债能力各指标重要性比较

一指标	另一指标	打分（1~9分）
年收入	年支出	—
年收入	家庭总资产	—
年收入	家庭总负债	—
年收入	耕种土地规模	—
年支出	家庭总资产	—
年支出	家庭总负债	—
年支出	耕种土地规模	—
家庭总资产	家庭总负债	—
家庭总资产	耕种土地规模	—
家庭总负债	耕种土地规模	—

附录四　信用评级指标隶属度调查问卷

尊敬的先生/女士：

您好！您现在看到的是关于家庭农场（农户）信用评级指标隶属度的调查问卷，此问卷为了确定每个指标关于其评价集合的隶属度大小，请您根据工作经验对每个指标进行打分，您的回答对于我们改善家庭农场（农户）现有信用评级或体系有很重要的帮助，请您真实地表达您的意见和看法。感谢您的配合（调查结果将被保密，只作研究使用）。

量纲表（评价集合）（表 B. 1）：

表 B. 1　五级信用评价等级

评价集合	A^+	A	A^-	B^+	B^-
解释	优秀	良好	一般	较差	极差

1. 请您对以下指标按等级量表给出您心目中的值（填写在表 B. 2 中）。例如，您认为年收入（C_{13}）达到多少时您才能将其放入良好等级段，年收入为多少您会将其放入较差评价。

表 B. 2　定量指标区间标准值的确定

指标/等级	A^+	A	A^-	B^+	B^-
征信查询次数（C_{10}）					
银行流水（C_{12}）					
年收入（C_{13}）					
年支出（C_{14}）					
家庭总资产（C_{15}）					
家庭总负债（C_{16}）					
耕种土地规模（C_{17}）					

2. 基于真实值的判断，请您为以下农户真实情况赋值，其表现得优秀

则填1，良好则填2，一般则为3，较差为4以及极差为5（表B.3）。（解释：若您觉得农户家庭受教育程度为本科已经非常优秀了，那么您就应该填1；或者您认为本科生遍地都是很一般，那么您就可以填3；又或者您对本科生有其他看法，则填其他的数字）。

表B.3 农户真实值指标的隶属度大小

农户指标 C_i	具体表现	判断值（1-5）
户主健康程度（C_1）	非常好	
	较好	
	一般	
	较差	
	非常差	
受教育程度（C_2）	本科及以上	
	大专	
	高中	
	初中和中专	
	小学及以下	
婚否情况（C_3）	都已结婚	
	两儿子以上都未婚	
	两儿子都未婚	
	仅有一儿子未婚	
	并无儿子	
家庭关系（C_4）	家庭幸福和睦	
	从未出现吵架	
	偶尔出现吵架	
	经常吵架但并未闹离婚	
	经常吵架闹离婚	
社会地位（C_5）	跟当地企业老总、村干部、政府、银行人员等都很熟且人脉很广	
	熟识当地企业老总、村干部或政府、银行等人员	

续表

农户指标 C_i	具体表现	判断值（1－5）
社会地位（C_5）	熟识当地企业老总、村干部、政府、银行人员中一种	
	仅结识企业老总、村干部、政府、银行等方面的人脉中两者	
	仅结识企业老总、村干部、政府、银行等方面的人脉中一者	
	以上都并未结识	
邻里关系（C_6）	邻里关系极好，甚视为亲戚	
	邻里关系较好	
	关系相对融洽	
	关系一般	
	偶尔邻里关系会不好	
	邻里关系经常不好	
	非常糟糕	
地区经济发展状况（C_7）	永丰县佐龙乡	
	新余市九龙山乡	
	上海松江区	
惠农补助收入力度（C_8）	永丰县佐龙乡	
	新余市九龙山乡	
	上海松江区	

附录五　家庭状况问卷调查表

尊敬的先生/女士：

您好！首先感谢您在百忙中抽出时间来参与这项关于“家庭农场（农户）家庭状况”的问卷调查，此项调查采用匿名的方式填写，所得结果仅作为统计分析和建议依据使用，并给予绝对保密，不会对您产生任何不利的影响，请您放心填写。期待能得到你的一些真实想法。

再次感谢您的支持与参与！

请您在最符合自己家庭情况的选项前的□上划“√”

C_1　您的性别是：□男　□女

C_2　您所在的地区是：□永丰县佐龙乡　□新余市九龙山乡　□上海松江区

C_3　您认为您家户主健康状况：□非常好　□较好　□一般　□较差　□非常差

C_4　您家受教育程度最高的人其学历程度处于什么程度：

□本科及以上　□大专　□高中　□初中和中专　□小学及以下

C_5　您家小孩的婚姻状况情况为：

□都已结婚　□两儿子以上都未婚　□两儿子都未婚　□仅有一儿子未婚　□并无儿子

C_6　您们家的家庭关系是怎么样：

□家庭幸福和睦

□从未出现吵架

□偶尔出现吵架

□经常吵架但并未闹离婚

□经常吵架闹离婚

C_7　您家是否有政府、银行方面的亲戚或者是否结识镇上的企业老总之类比较有威望的人同时与其关系如何：

□跟当地企业老总、村干部、政府、银行人员等都很熟且人脉很广

□熟识当地企业老总、村干部或政府、银行等人员

□熟识当地企业老总、村干部、政府、银行人员中一种

□仅结实企业老总、村干部、政府、银行等方面的人脉中两者

□仅结实企业老总、村干部、政府、银行等方面的人脉中一者

□以上都并未结识

C_8　您家与邻里关系是怎么样的：

□邻里关系极好，甚视为亲戚

□邻里关系较好

□关系相对融洽

□关系一般

□偶尔邻里关系会不好

□邻里关系经常不好

□非常糟糕

C_9　您开通过网络支付吗？若有，您的网络信用分（例如蚂蚁芝麻分）为：

□并未开通　□已开通，芝麻信用分为________

C_{10}　您以前查询过征信吗？

□并未查询　□查询过，次数为________

C_{11}　您以前问银行借过款（开过信用卡）吗？借款或信用卡履行情况是：

□无　□借过，信用卡、贷款等借过________次，其中________次逾期，逾期天数为________

C_{12}　您的某一银行的银行流水大约为多少：

□10 万元　□20 万元　□50 万元　□100 万元　□其他________

C_{13}　您家每年年收入大约为：

□10 万元　□20 万元　□50 万元　□100 万元　□其他________

C_{14}　您家每年年支出大约为：

□10 万元　□20 万元　□50 万元　□100 万元　□其他________

C_{15}　您家目前为止家庭总资产大约为：

□10 万元　□20 万元　□50 万元　□100 万元　□其他________

C_{16}　您家目前总负债大约为：

□10 万元　□20 万元　□50 万元　□100 万元　□其他________

C_{17}　您家今年耕种土地规模为：

□10 亩　□20 亩　□50 亩　□100 亩　□其他________

附录六　MATLAB 层次分析法编程

```
A =[1 2 1 1/4 2;1/2 1 1/4 1/7 1;1 4 1 1/3 3;4 7 3 1 6;1/2 1 1/3 1/6 1];
[n,n] = size(A);
[v,d] = eig(A);
r = d(1,1);
CI =(r-n)/(n-1);
RI = [0 0 0.58 0.90 1.12 1.24 1.32 1.41 1.45 1.49 1.52 1.54 1.56 1.58
1.59];
CR = CI/RI(n)

if CR<0.10
        CR_Result = '通过';
else
    CR_Result = '不通过';
end

w = v(:,1)/sum(v(:,1));
w = w';

disp('该判断矩阵权向量计算报告:');
disp('一致性指标:');disp(num2str(CI));
disp('一致性比例:');disp(num2str(CR));
disp('一致性检验结果:');disp(CR_Result);
disp('特征值:');disp(num2str(r));

disp('权向量:');disp(num2str(w)
```